숨은 신을 찾아서

이 도서의 국립중앙도서관 출판예정도서목록(CIP)은 서지정보유통지원시스템 홈페이지(http://seoji.nl.go.kr)와 국가자료공동목록시스템(http://www.nl.go.kr/kolisnet)에서 이용하실 수 있습니다.(CIP제어번호: CIP2016026606)

숨은 신을 찾아서

신념 체계와 삶의 방식에 관한 성찰

강유원 지음

라티오

일러두기

1. 본문에서 인용한 책의 서지사항은 아래와 같다.

   《공동번역 성서》, 대한성서공회 엮음, 대한성서공회. 그 밖에도 *New Jerusalem Bible: NJB-Reader's Bible*(Doubleday, 1990)에서 번역 인용.
   《고백록》, 아우구스티누스 지음, 선한용 옮김, 대한기독교서회. 그 밖에도 Augustine, *Confessions*(Loeb Classical Library, 2014)에서 번역 인용.
   《오뒷세이아》, Homeros, Homeri Opera III-IV(Clarendon Press, 1920)에서 번역 인용.
   《팡세》, 블레즈 파스칼 지음, 김형길 옮김, 서울대학교출판문화원.
   그 밖에도 Blaise Pascal, *Pensées*(Bordas, 1991)에서 번역 인용.
   《성찰》, 르네 데카르트 지음, 이현복 옮김, 문예출판사. 그 밖에도 René Descartes, Œuvres Complètes, Tome VII(Vrin, 2000)에서 번역 인용.
   《모비 딕》, Herman Melville, *Moby Dick: Or, The Whale*(Signet Classics, 1972)에서 번역 인용.

2. 인용구 출처 표기에서 권, 장, 절 등은 아라비아 숫자로만 표기했다.

| 차례 |

1
2
3
·
·
·
7
8
·
·
·
·
·
·
·
·
·
·
19
·
21
·
23
24
·
·
·
·
·
·
·
·
33
34
·
·
37
38
39

추기追記

1

태평양을 건너 사막에 있는 도시에 갔었다. 좌절했었고 또 다른 삶을 살기 위해서였다. 희망보다 더한, 뭔가를 이룰 야망이, 앞서의 삶에서 겪은 좌절을 절멸絶滅시키리라는 야욕野慾이, 몸에서 터져나올 듯하였다. 입에서는 환희가 간혹 흘러 나왔다. 카르타고에 갔던 아우구스티누스보다 철이 없었다. 지켜보는 이도 없었다. 삶을, 온전히 쥐고 있다는 오만함이 넘쳤다.

태평양과 이어지는 동해 바닷가 도시의 병원 중환자실에 누워 있었다. 일반 병실로 옮겨진 뒤 복도 끝까지 걸어서 바다를 볼 수 있었다. 좌절은 없었다. 삶을 손에 쥐지도 못했고, 어디에서 다시 시작해야 하는지도 알지 못하였다. 운명이라든가, 믿음이라든가, 그런 말들도 떠오르지 않았다. 병원을 서둘러 나왔다. 당장 할 수 있는 일들을 할 뿐이라는 허겁지겁만이 전부였다. 사람이 할 수 있는 게 아무것도 없다는 무기력이 밀려 들어왔다. 아니, 그 무기력 속으로 빨려 들어갔다고 해야 옳겠다. 인간이 할 수 있는 일은 절망絶望, 즉 희망을 끊는 일이다.

　야욕과 절망 사이에는 10년 정도의 시간이 놓여 있었다. 그 시간은 인간 존재의 하찮음을 가르쳐주었다.

2

신이 인간을 구원하리라는 예언적 언사들이 있다. 넘친다. 넘치면, 그것은 착란적錯亂的 언사言辭다. 착란의 배경에는 착각이 있다. 인간의 힘에 대한 착각. 인간은 신 앞에서 할 일이 없다. 해야만 하는 의무도 없다. 날마다 기도하고 경건한 삶을 살며 '구원의 확신 속에 잠든다'는 것은 인간이 스스로를 위로하기 위해서 불안을 달래기 위해서 남에게 자신의 신앙을 뽐내기 위해서 수행하는 짓에 불과하다.

신앙은 무엇인가. 신앙은 기도로써 이루어지지 않는다. 무조건적으로 신에게 헌신하는 것이 아니다. 인간이 할 수 있는 일도 아니다. 신앙은 인간의 앎을 넘어서 있다. 앎을 넘어서 있다. 인간은 알 수 없다는 것이다. 신앙은 무엇인가―이 물음은 물음 자체가 성립하지 않는다. 인간이 묻고 인간이 대답할 수 있는 것이 아니다. 인간은 신앙인이 되려고 몸부림치다가, 죽기 직전까지도 참다운 신앙인이 되었는지 의심하다가, 간신히 신앙의 끝에 와 본 듯하다는 어렴풋한 느낌을 가질 수 있을 뿐이다. 그것이 전부다.

도저히 넘어갈 수 없는 선을 긋자. 아니, 거대한 절벽을 세우자. 이쪽에 인간이 있다. 인간은 이쪽에서 버둥거린다. 기도도 한다. 열심히 봉사도 한다. 뭔가를 한다. 그러나 그러한 모든 것들을 끝없이 쌓아 올리고 한없이 늘여도 저 선을 넘어갈 수는 없다. 저 절벽을 올라갈 수 없다. 이쪽에 쌓이는 것일 뿐이다. 쌓고 있는, 늘이고 있는 스스로를 보라. 기특한가, 갸륵한가, 보기 좋은가, 모두 헛된 말들. 적절한 표현은 '무기력'이다. 다른 것과의 비교를 통한 열등감이나 상대적 괴로움이 아니라 절대적 무기력이다. 무기력 자체이다. 절망이다. 역설적이게도 이러한 무기력과 절망을 뚜렷하고 냉혹하게 자각할 때, 저 선은 넘을 수 없고 저 절벽은 올라갈 수 없음을 몸에서 알아차릴 때, 비로소 신앙이 시작될 기미라도 보인다. 인간은 그런 존재이므로 그러하다. 신앙이 가능한지, 자신이 신을 믿을 자격이 있는지를 의심해야만 한다.

더러 누군가 비웃는다. 그러한 선은 없다고, 절벽은 없다고, 인간의 망상일 뿐이라고, 스스로 선을 긋고 그것을 못 넘어간다고 자학하지 말라고, 무거운 돌을 손에 들고 까닭 없이 힘겨워하지 말라고, 그저 내려놓으면 간단할 일을 두고 헛된 힘을 쓰지 말라고, 그런다. 쓸데없는 고민에 불과할지도 모른다. 그러니 지금 여기에 적힌 절대적 무기력의 자각 또한 망상일 가능성을 열어두기로 하자. 그것을 열어둔 채로, 그것을 인정한 채로 한번 밀고 가보려는 게 지금부터의 일이다. 신을 믿는 종교가 거대한 환상에 불과하다는 비웃음을 인정하고서, 그것이 정말 그러한지, 물어보려는 것이다.

종교가 환상이라면, 그것에 매달린 인간 자체도 헛된 것이다. 이를테면 기독교의 신을 탐색하는 것은 그것을 탐색하고 있는 인간에 대해 탐색하는 것이다. 인간은 신을 보고 싶어 한다. 그리하여 인간은 신을 찾는다. 그러나 신은 보이지 않는다. 숨어 있다. 비교 검증할 데이터가 없으니 신을 만났다는 것을 확인할 도리가 없다. 결국 인간이 할 수 있는 일은 인간 자체를 탐색하는 것이다. 그런데도 인간은 신에 대한 논의를 수없이 해왔다. 그것부터 알고 싶어 한다. 자신에 대해서보다는 신에 대해 알고 싶어 한다.

3

서구에서 신에 관한 논의는 '아테나이의 신'과 '예루살렘의 신'이라는 테제를 중심으로 전개된다. 기독교의 경전 《신약 성서》〈사도행전〉 17장을 편다. 신에 관한 논의'들'이다. 그 테제들이 함께 들어 있는 곳이 〈사도행전〉의 이 언저리이다. 테제들은 서로 부딪힌다. 같은 신에 대해 서로 다른 방식으로 말을 하고 있는 것인지, 아니면 아예 다른 신에 대해 말을 하고 있는 것인지는 알 수 없다. 인간의 말들이 서로 다른 것만은 틀림없다.

골수 유대교도에서 기독교로 개종한 바울로가 아테나이로 선교를 하러 갔다. 바울로는 예수가 살아 있을 때 예수의 제자가 아니었다. 그는 사도使徒(Apostolus)가 아니었다. 그는 스스로를 사도라 일컬은 사람이다. 그는 〈고린토 인들에게 보낸 첫째 편지〉에서 그 점을 드러내어 밝힌다: "나는 사도들 중에서 가장 보잘것없는 사람이요 하느님의 교회까지 박해한 사람이니 실상 사도라고 불릴 자격도 없습니다"(I 고린토, 15:9). 그가 사도라 자칭할 수 있던 근거는 그가 열심히 일했다는 것이다. "과연 나는 어느 사도보다도 더 열심히 일했습니다"(I 고린토, 15:10). 그가 행한 일은 다음과 같다: "우리는 그리스도의 죽음과 부활을 전하고 있으며 여러분은 그것을 믿었습니다"(I 고린토, 15:11). 그가 아테나이로 간 것 역시 "그리스도의 죽음과 부활"을 전하기 위해서였다. 바울로는 "광장에 나가서 거기에 모인 사람들과도 토론하였다"(사도행전, 17:17). 그러다가 에피쿠로스 학파와 스토아 학파의 몇몇 철학자들과도 토론을 하게 되었다. "에피쿠로스 학파와 스토아 학파의 몇몇 철학자들은 바울로와 토론을 해보고는 '이 떠버리가 도대체 무슨 소리를 하려는 것인가?' 하기도 하고 또 바울로가 예수와 그의 부활에 관하여 설교하는 것을 보고는 '다른 나라의 신들을 선전하는 모양이다' 하고 말하기도 하였다"(사도행전, 17:18).

에피쿠로스 학파와 스토아 학파의 철학자들은 바울로가 하는 말을 듣고 "다른 나라의 신들"이라 이해하였다. "신들." 아테나이 사람들은 유일신을 알지 못하였다. 그들은 "신들"에 대해 말한다. 여기부터 충돌이 생긴다. 바울로는 '신'을 말한다. '신들'에 대해 말하지 않는다. 말도, 말하는 방식도 다르지만, 말하는 대상부터가 다르다. 아테나이의 철학자들은 바울로를 "광장"에서 만났지만 본격적인 대화는 다른 곳에서 시도한다. "그들은 바울로를 아레오파고 법정으로 데리고 가서 이렇게 물었다. '당신이 가르치는 그 새로운 가르침이 어떤 것인지를 알려줄 수 없겠소? 우리가 듣기에 당신은 생소한 말을 하는데 어디 그 설명을 들어봅시다'"(사도행전, 17:19~20).

장소가 바뀌었다. 바울로가 처음에 사람들과 토론을 벌인 "광장"은 아고라였을 것이다. 그러다가 에피쿠로스 학파, 스토아 학파 철학자들이 그를 데리고 간 곳은 신전이 있는 아크로폴리스와 아고라의 중간에 있는 아레오파고 법정이었다. 아이스퀼로스의 3부작 드라마 《오레스테이아》Oresteia의 마지막 작품 〈자비로운 여신들〉(에우메니데스Eumenides)에서 오레스테스가 재판을 받는 바로 그곳이다. 광장에서는 대화와 토론이, 아레오파고에서는 일종의 심문이 벌어진 것이다. 그들은 그에게 요구한다. "알려줄 수 없겠소?" "설명을 들어봅시다." 그들의 요구는 인과관계를 밝혀서 말하라는 것이다. 철학자들과 바울로는 원하는 바가 다르므로 대화할 수 없다. 철학과 신앙은 접점을 가지지 못하였다.

철학자들은 바울로가 말하는 "그리스도의 죽음과 부활"을 "새로운 가르침"(kainē didakhē)이라 불렀다. 이 가르침은 예루살렘에서 온 것이다. "새로운 가르침"은 예수가 인간을 구원하러 이 세계에 왔고 그가 죽은 자 가운데서 부활한 이라는 것이다. 이는 인간이 알고 있는 이치에 들어맞지 않는 것이다. 인간은 나면 반드시 죽는 존재이다. 희랍 아테나이의 세계에서 이것은 되풀이되어 말해진다. 바울로는 분명히 예수가 사람이라 하였다. 그러면서 그가 죽은 자 가운데서 부활하였다고 말하였다. 예수는 신이기 때문에 그것이 가능하다고 하였다. 바울로에 따르면 예수는 신이다. 동시에 예수는 인간이다. 이 두 명제는 '동시에' 성립할 수 없다. 그런데 바울로는 그렇다고 하였다. 예수는 죽었다. 그런데 예수는 죽은 자 가운데서 다시 살아났다고 하였다. 예수가 죽었다면, 그가 인간이었기 때문이다. 인간은 필멸의 존재이므로 예수가 인간이라면 당연히 죽었을 것이다. 그런데 예수는 되살아났다. 신이기 때문인가? 신이라면, 불멸의 존재라면, 죽지 않았을 것이다. 예수는 신도 아니요 인간도 아니다. 그러면 무엇인가. 아테나이의 철학자들에게는 '알 수 없는 존재'였을 것이다. 철학자들에게 그 "가르침"은 '생소한' 것이었다. 낯선 것이었다. 그들은 그것에 대한 앎(gnosis)을 갖고자 하였다. 바울로는 아레오파고에서 벌어진 심문에서 원인과 결과를 따져서 대답하지 못하였다. 그들은 예수에 대한 앎을 가질 수 없었다.

三

4

아테나이 사람들은 예수에 대한 앎을 갖지 못하였다. 바울로는 아무리 노력해도 자신이 가진 앎을 철학자들에게 전할 수 없었다. 그러나 몇 세기가 지나자 아테나이를 비롯한 지중해에는 예수를 믿는 이들로 가득 차게 되었다. 아우구스티누스가 《고백록》(Confessiones)을 쓰던 때에는 그리스도의 죽음과 부활이 더 이상 낯선 것도 아니었고 "새로운 가르침"도 아니었다. 아우구스티누스가 《고백록》을 쓴 목적 중에는 기독교가 기성 종교가 되어버린 상황에서 기독교도들에게 기독교의 참다운 의미를 알려주려는 것도 있었다. 그렇다면 바울로의 시대와 아우구스티누스의 시대 사이에는 어떤 일이 있었는가. 하느님의 위대하신 은총이 마구 쏟아져 내리기라도 했는가. 무엇이 "새로운 가르침"을 낯설게 여기던 사람들을, "새로운 가르침"을 내 삶의 진리로 받아들이는 사람으로 만들었는가. 바울로와 철학자들의 충돌은 어떻게 해소되었는가? 어떻게 해서 '앎'(gnosis)에 대한 요구를 제기하던 사람들이 '믿음'(fides)을 받아들이게 되었는가? 이 거대한 변태

變態를 이해하려면 아테나이의 그노시스gnosis부터 살펴보아야 할 듯하다.

바울로가 아테나이에서 만난 이들은 "에피쿠로스 학파와 스토아 학파의 몇몇 철학자들"이다. 그들도 분명히 신을 말하였다. 그들의 신은 어떤 신인가. 에피쿠로스 학파는 쾌락을 추구한다. 정신의 쾌락을 찾는다. 맘에 맞는 친구들과 함께 쾌락을 누리려 한다. 마음의 평정심, 아타락시아ataraxia를 찾으려 한다. 스토아 학파는 고대 희랍 사유의 최종 결집체이다. 단순한 이론에 그치는 것이 아니라 삶의 방식(modus vivendi)으로까지 자리잡은 것이다. 스토아주의자들은 법칙(logos)이 있다고 한다. 이것은 우주 만물에 관철되어 있다. 이 법칙은 섭리(providentia)다. 이 말은 '예견하다', '내다보다'라는 뜻을 가지고 있다. 앞날을 본다는 것이다. 기독교에서도 '하느님의 섭리'라는 말을 쓴다. 같은 말이지만 함축은 아주 다르다. 기독교의 섭리는 하느님만이 본다. 하느님이 정한 법칙이므로 하느님만이 알고, 하느님만이 본다. 하느님은 인간에게 계시를 내려서 그 법칙과 봄의 한 구석을 살짝 알려주기도 한다. 그러나 인간은 그것을 다 알아볼 수 없다. 인간은 다 볼 수 없다. 하느님과 인간 사이에는 도저히 건너뛸 수 없는 간극이 있다. 스토아주의자들은 그 법칙을 만든 존재를 생각하지 않는다. 그저 저기 있다는 것이다. 인간이 자연을 탐구하면 자연법칙을 알 수 있듯이 인간의 이성으로써 탐구하면 이 법칙도 알 수 있다. 여기가 이론의 영역이다. 그리고 이 법칙에 따라 마음을 평화롭게 가지면 평온하게 살 수 있다. 여기가 실천의 영역이다. 이 두 영역들이 묶여서 삶의 방식이 된다. 혼자서 알고 혼자서 평온하게 지내는 것이 조금 불안하면 마음이 통하는 친구들과 함께 하여도 된다. 그러면 에피쿠로스주의자가 된다. 스토아주의자가 한 발만 더 나아가면 에피쿠로스주의자가 되는 것이다. 이들은 봄이 되기 전에 봄이 오리라고 예견할 수 있었을 것이다. 이들은 봄이 되면 봄이 왔음에 놀라지 않을 것이다. 이들은 법칙에 따라 오는 봄에 대한 앎을 가지고 있다. 이들은 봄이 되면 봄에 어울리는 행동을 할 것이다. 이들은 봄에 적합한 행동을 한다. 봄에 어울리는 행동을 하지 않아도 괜찮다. 하기 싫으면 안 해도 된다. 특별히 벌을 받지 않는다. 이 법칙이 우주를 지배하고 있기는 하지만, 이 법칙을 받아들이지 않는 이들을 혼내지는 않는다. 이 법칙은 우주를 지배하고 있기 때문에, 아니 정확하게 말하자면 우주에 관철되어 있기 때문에 주재적主宰的이다. 그러나 우주 만물에 권력을 행사하여 어기는 자에게 벌을 주는 것은 아니므로 주권적主權的이지는 않다. 스토아주의의 법칙이 인격에 관여하는 것은 아니다. 그 법칙이 옳다 해도 그대로 따르지 않아도 된다. 그러면 안 된다고 법칙이 말하고 있는 것도 아니다. 죄의 구렁텅이에 빠지리라고 협박하지도 않는다.

'아테나이의 신'은 궁극적으로 법칙이다. 인간의 삶에 관철되어 있으나 인간에게 이래라 저래라 하지 않는다. 받아들일지 말지는 인간이 자세히 알아보고 결정한다. 아테나이 사람들은 인간이 그것을 받아들여야만 하는지 말아야 하는지를 따져 묻지 않는다. 물론 어떻게 사는 게 옳은 것인지를 따지기는 한다. 공동체에서 다른 사람들과 잘 어울려 사는 것이 중요하다고 한다. 그러나 우리의 내면이, 나의 실존이, 너의 삶 자체가 정말로 제대로 된 것인지는 그리 관심을 갖지 않는다. 개인의 실존에 관한 한 가치판단을 보류한다. '너의 영혼을 돌보는 것'에 관심을 갖지 않는다. 물론 우리는 예외적 인간을 하나 알고 있다. 그 예외적 인간은 소크라테스이다. 소크라테스는 멀쩡하게, 다른 사람들과 잘 어울려서 살고 있던 아테나이 시민들에게 호통을 치고 다녔다. '너의 영혼을 돌보라!' 그의 호통이다. 아무도 귀를 기울이지 않았다. 오히려 대다수의 사람들이 언짢아하였다. 아테나이 사람들은 사물이 이치에 따라 잘 작동하는 것에만 관심을 가졌다. 그들에게 중요한 것은 사물의 기능(ergon)이었다. 그들은 기능주의자였다. 더러 그들은 인간의 오만함(hybris)을 질타하기는 하였다. 그러나 이것 역시 기능이라는 범주에서 움직인 것이었다. 인간은 필멸의 존재이다. 인간의 기능은 필멸이다. 필멸의 인간이 불멸을 원하면 인간의 기능을 벗어난 것이다. 인간의 권역을 넘어서려는 것이다. 인간의 명命(moira)을 벗어나려는 것이다. 이것이 오만함이다.

소크라테스의 죽음을 목격한 플라톤은 움츠러들지 않았다. 소크라테스의 가르침을 심화시켰다. 대화편을 써서 널리 알리고자 하였다. 인간은 공동체에서의 기능만으로는 완성되지 않는 존재임을 밝혀 보이려 하였다. 플라톤은 올바름을 말하였다. '좋음'을 말하였다. 좋음에 근거하여 좋은 삶을 살아야 한다고 말하였다. 좋은 삶, 그것은 논증할 수 없는 것이었다. 합리적으로 설득할 수 없는 것이었다. 아테나이 사람들이 알 수 없던 '새로운 가르침'이었다. 플라톤은 아테나이 사람들에게 낯선 이야기를 할 수 밖에 없었다. 그 낯선 이야기로 설득하려 하였다. 그 이야기의 핵심은 영혼이 죽지 않는다는 것이었다. 그것을 믿고 좋은 삶을 산 자의 영혼은 죽어서 '오른쪽 윗길'로 간다고 하였다. 아테나이에서 이 이야기에 설득된 이들은 거의 없었을 것이다. 이 이야기는 후대의 플라톤 추종자들, 즉 신플라톤주의자들에 의해 보존되어 기독교 초대 교부들, 즉 아우구스티누스 같은 이들에게 흘러들어 간다.

5

바울로는 "그리스도의 죽음과 부활"을 말하면서 신의 섭리도 말하였거니와, 그 섭리는 스토아주의자들이 말한, 바로 그 말이었다. 같은 단어를 사용하고 있으나 뜻이 달랐으니 그와 그들은 서로 의사소통할 수 없었고, 그런 까닭에 그들에게 그의 말을 알게 할 수 없었다. 바울로의 "새로운 가르침"은 그들에게는 전혀 낯선 것일 따름이었다. 신의 섭리는 인간에게 알려지는 것이 아니므로, 인간은 그저 기다리는 것 외에는 섭리에 대해 할 수 있는 것이 아무것도 없다. 신은 세계를 지배하는 주재자이면서 인간의 삶(뿐만 아니라 우주의 모든 사물)에 개입하는 주권자이기도 하다. 인간의 앎은 거기까지, 신이 주재적이면서 주권적이라는 것까지일 뿐, 그 주재와 주권이 어떠한 방식으로 형성되고 작동되는지에 관한 것은 결코 아니다.

바울로가 아테나이의 철학자들과 다른 교회의 사람들에게 전한 "새로운 가르침"은 그러한 섭리에 근거한 것이었다. 그는 로마 인들에게 다음과 같이 전한다: "하느님의 선택을 받고 안 받는 것은 인간의 의지나 노력에 달려 있는 것이 아니라 오직 하느님의 자비에 달려 있는 것입니다"(로마서, 9:16). 사람이 할 수 있는 일은 하느님의 자비를 기다리는 것 말고는 없다. 그는 에페소 사람들에게 다음과 같이 말한다: "하느님께서는 예수 그리스도를 통하여 우리를 당신의 자녀로 삼으시기로 미리 정하신 것입니다. 이것은 하느님께서 뜻하시고 기뻐하시는 일이었습니다"(에페소, 1:5). 하느님의 자녀가 되는 것조차도 우리의 노력만으로는 불가능하고 예수 그리스도를 통하여야만 한다. 바울로는 〈디모테오에게 보낸 둘째 편지〉에서 이렇게 말한다: "하느님께서는 우리를 구원해주시고 우리를 부르셔서 당신의 거룩한 백성으로 삼아주셨습니다. 이것은 우리의 공로로 말미암은 것이 아니라 하느님의 계획과 은총으로 말미암은 것입니다"(II 디모테오, 1:9). 이 모든 "계획"이 어떻게 만들어졌는지 인간은 알 수 없고, 그 계획에 따라 예수 그리스도를 통하여 우리가 하느님의 "자녀"가 되는 일 또한 "은총"을 기다려야만 가능하다.

'아테나이의 신'을 마주한 인간에게는 할 일이 있었다. 바울로가 전해주는 '예루살렘의 신'을 바라보면, 그 신이 인격적 존재이기는 하나 어디에 있는지 알 수 없으니 바라보는 것 자체가 불가능하겠지만, 그래도 신을 보고자 하는 소망을 가져본다면, 인간이 할 일은 아무것도 없으며 바로 그 '할 일 없음'으로부터 인간은, 남들과 비교해서 할 일이 좀 덜하다든가 하는 상대적인 차원이 아닌, 절대적으로 무력한 존재라는 것이 도출된다.

인간은 자존감을 가지고 있다. 자존감이 없다면, 세상을 살아갈 수가 없다. 그러나 예루살렘의 신 앞에서는 그것을 버려야 한다. 아우구스티누스가 자존감을 가지고 살다가 그것을 버리고 신 앞에서 복종한 순간이 회심의 결정적 계기이다. 파스칼이 우주의 광대함 앞에서 느낀 것이 그러한 절대적 없음이다. 키에르케고어가 벌거벗은 존재로 신 앞에 섰을 때가 그러한 절대적 무기력의 순간이다. 멀리 거슬러 올라가 〈창세기〉에서 아브라함이 야훼의 명령에 따라 아들 이사악을 죽여서 제사를 지내려 하였을 때(아케다Akedah 사건), 그때 아브라함의 마음에 가득 찼던, 다른 감정은 전혀 들어서지 못하였던, 그 무기력이다. 아브라함은 신앙의 아버지이다. 그에게 닥친 일은 후일 유대교도를 지배한——뿐만 아니라 '아브라함의 종교들'을 신봉하는 모든 이들, 즉 기독교도, 이슬람

교도들에게도—무기력의 원형이다. 그들은, 아브라함의 종교들의 신봉자들은, 신 앞에서 아무것도 할 수 없다. 다 버려야 한다. 사랑하는 아들도 죽여야 한다. 이들의 신앙은 신을 경외하는 것이 아니다. '나'는 아무것도 아니라는 처절한 자기 절멸, 철저한 자기 학대, 완전한 자기 무화無化가 신앙이다. 완전한 무화라는 이 심성에서 신앙이 확증되고, 자기 학대에서 안심安心에 이르고, 자기 절멸은 곧바로 순교에 가 닿는다. 순교는 엄청난 믿음에서 결행되는 것이 아니라, 내가 아무것도 아니라는 자기 확신에서 스스로를 툭 놔버릴 때 결행된다. 그 순간에는 '내가 신을 의심할 자격이나 있는가'라는 의심까지도 머릿속에서 지워져야만 한다—철저한 비합리적 니힐리즘.

사람들은 흔히 말한다. 서구 사상은 헬레니즘과 헤브라이즘의 결합이라고. 무엇이 결합되었는가. 어떻게 결합되었는가. 결합은 공통의 접점이 있어야만 한다. '아테나이의 신', 헬레니즘, 그리고 '예루살렘의 신', 헤브라이즘—이 둘 사이에 접점이 있는가. 하나는 인간이 법칙을 알 수 있다고 주장하는데, 다른 하나는 법칙을 알고자 하는 인간의 소망마저 버리라고 한다. 하나에서 다른 하나로 건너가는 것은, 첫째 원리부터 불가능하다. 화해할 수 없는 세계관들이다.

바울로는 '아테나이의 신'이 지배하는 세계에 '예루살렘의 신'을 바탕에 둔 '예수 그리스도의 죽음과 부활'이라는 "새로운 가르침"을 전하였다. 이 가르침은 이후의 세계에서 많은 이들을 사로잡았다. 그는 〈로마 인들에게 보낸 편지〉에서 이렇게 말한다: "여러분이 받은 성령은 여러분을 다시 노예로 만들어서 공포에 몰아넣으시는 분이 아니라 여러분을 하느님의 자녀로 만들어주시는 분이십니다. 그래서 우리는 그 성령에 힘입어 하느님을 '아빠, 아버지!'라고 부릅니다"(로마서, 8:15). 성령을 받은 자는 되돌아갈 수 없고 되돌아가는 것은 다시 노예가 되겠다는 것과 다름없으며, 성령에 힘입었으므로, 성령이 인간을 거듭나게 한 것이므로, 예전에는 하느님이라 불렀던 존재를 이제는 "아빠, 아버지"라 부를 수 있게 되었고, 이렇게 질적으로 다른 새로운 차원에서 신과 관계를 맺게 되었으니, 그것이 어쩌면 다른 종류의 노예가 되는 상황일지 몰라도, 전혀 다른 삶의 방식을 받아들여야만 한다. 기독교도가 된다는 것은 이것이다. 자기 자신에 대한 철저한 무화의 단계에 들어서, 인간 실존의 갱도 밑바닥을 손톱으로 파기 시작해서 끝없이 파도 아무것도 나오지 않을 때, 갑자기 성령을 받아들이고, 신을 "아빠, 아버지!"라고 부르면서 그때와는 다른 종류의 삶을 살기 시작하는 것이 기독교도가 된다는 것이다.

기독교도가 된다는 것은 무엇인가, 어디에서 시작하는가? 신을 믿는 것에서 시작하는가? 그것이 아니다. '나'에 대해서 묻는 것에서 시작하는 것이다. 내가 누구인지를 묻는 것에서 시작해야만 한다. 희랍 세계의 자연철학자들은 나를 묻지 않았다. 세계가 어떻게 작동하는지만 물었다. 소크라테스는 나를 물어야 한다고 했다가 죽임을 당하였다. 플라톤은 스승의 죽음을 보고도, 겁없이, 알 수 없는 인간 존재를 물었다. 기독교는 신을 믿는 종교가 아니다. 나를 무너뜨려서 없애버리는 종교다. 구원받을 수 있는가 아닌가를 따지는 종교가 아니다. 그런 거대한 일은 신에게 맡기라는 종교다. 예수 믿고 천국 가는 종교가 아니다. 천국 가는 일을 인간의 입에 담아서는 안 된다고 강하게 입막음하는 종교다. 기독교는 바깥으로 나가는 모든 시선을 거두어서 오로지 자기에게만 집중하라는, 철저한 주관성의 가르침을 확고하게 전제하는 종교이다.

우리는 신에 대해 말하지만, 신에 대해 말하고 싶지만, 신에 대해 말하려 하나, 나에 대해, 나는 누구인지, 나는 무엇인지를 먼저 말해야 한다. 신이 아니라 인간에 대해 물어야 한다. 신을 갈망할수록, 인간을 물어야 한다. 신의 위대함을 알아차리고 싶다면, 인간의 무력함을 뼈저리게 새겨야만 한다.

6

인간 존재의 절대적 무를 자각할 때, 그때에야 비로소 신앙이 시작되고, 그것으로써만 신앙은 가능하다는 테제, 이 테제는 용인이 어렵다. 우리는 그렇게 절박한 세계에 살고 있지 않다. 우리의 나날이 평화롭지는 않아도, 모든 것을 내버린 상태, 즉 무에 스스로를 처하게 해야 할 만큼 우리의 나날이 위험에 처하여 있지는 않다. 그러한 위험만이 우리를 신앙으로 이끈다는 것은, 우리의 삶 전체에 극단적인 선택을 강요하는 것이다. 이것은 상식적 문제 제기이다.

문제 제기를 나누어 생각해본다. 신앙은 지성과 다르다는 상식이 있다. 지적으로 자기를 성찰하지 않아도, 날마다 기도를 열심히 하는 것으로, 그것만으로 신앙은 충분하지 않은가 하는 상식이 있다. 인간 자신이 나약하다는 것을 굳이 지적으로 통찰하지 않아도, 절실하게 신을 간구할 수 있다. 인간의 힘을 넘어서는 위력에 기대어 지적인 사유를 접고 위안을 얻겠다는 태도, 전적인 신앙의 태도, 이것이 그릇된 것이라 말할 수 없다. 그것이 마음의 평화를 가져다주고 안식을 준다면 그것으로써 신앙은 제 할 일을 다한 것이다. 이러한 신앙이 자칫 복에 대한 기원으로 이어질 가능성을 가지고 있기는 하다. 그런 까닭에 신앙의 일정한 단계에서는 그러한 구복적 태도를 성찰해야만 한다. 자기 성찰은 신앙의 필수적 전제인 것이다. 신앙은, 물론 자기 성찰과 자기 반성만으로 이루어지는 것은 아니다. 그것들이 신앙의 충분조건은 아니다. 그러나 자기 반성 없는 신앙이 종종 신앙의 오만함에 이르는 경우는 자주 발견된다. 이는 명료한 사실이다.

신앙을 갖지 않아도 도덕적으로 건전한 삶을 산다면 훌륭한 삶을 산 것이라는 상식도 있다. 참으로 논박하기 어렵다. 그들에게 초월적 신에 대한 믿음을 가지라고 권유하거나 인간의 모든 행위는 헛된 집착에서 나온 것이니 적극적 행위를 포기하라고 설파하는 것은, 망동과 망언으로 간주된다. 그들에게 세계관의 전회를 요청할 수는 없다. 그저 그들의 삶의 방식을 존중해주는 것 외에는 아무것도 할 수 없다. 그렇지만 한 가지를 그들에게 물어볼 여지는 남아 있다. 자신들의 도덕적 신념은 확고한 근거를 가지고 있는가? '그렇다'는 대답을 들으면 우리는 물러나야 한다. 그러한 물음이 그들 자신의 신념 체계에 대한 잠깐의 회의라도 불러일으켜 그들을 더 깊은 의심에서 제기되는 물음들로 나아가게 한다면 우리는 무엇을 더 물어볼 수 있을 것인가. 흔히 철학적 질문으로 간주되는 것들을 나열할 수 있을 것이다. 철학적 질문들, 그것도 사실은 상식적인 것들이다.

나는 어떤 존재인가, 나는 왜 여기에 있는가, 나는 무엇을 하고 있는가, 나의 삶은 의미 있는가, 있다면 그 의미는 어디에서 오는 것인가, 내가 참으로 여기는 것은 참으로 참인가, 내가 신을 믿는다고 말한다면, 그러한 믿음은 어떠한 대가도 바라지 않는 경건한 것인가, 경건한 삶을 살겠다는 소망은 경건한 것인가… 자기 성찰적 물음들은 끝이 없을 것이다. 이 물음들은 신앙의 물음들이 아니라 실존의 물음들이다. 도덕적으로 완결된 삶을 추구하는 사람이라 해도 그 추구의 궁극에서 반드시 제기하는 물음들이다. 굳이 철학을 학습하지 않아도 사람들이 내놓는 물음들이다. 이것을 내놓으면 비웃음을 사기도 한다. 답이 없으니 그러하다. 그래도 한 번쯤은 물어보는 것들이기도 하다. 삶을 다 살아봐도 답을 알 수 없으니 아예 안 물어보는 게 낫다는 사람과, 답을 낼 수 없다는 것을 빤히 알면서도 사람이라면 물어야 하지 않느냐는 사람 사이에 경멸과 냉소를 담은 언쟁이 벌어지는 물음들이기도 하다.

우리는 후자의 편에 서서 가보자. 물어보는 게 낫다는 입장에 서보자는 것이다. 신앙이 자기 성찰적 물음들을 끊임없이 제기하는 것은 아니지만, 그것으로써 신앙이 완성될 수는 없지만, 신앙의 필수적 단계임을 전제하고 나아가보려는 것이다. 자기 성찰을 더 밀고 내려가면—사실 나아갈 수는 없다. 자기 성찰은 자신을 절대적 무화의 지점까지 떨어뜨려야 그것이 본래 하려던 것을 했다고 할 수 있는 것이니까—자기 자신이 세계의 여타 사물과, 저 앞산에서 잠시 피었다 스러지는 풀꽃과 다르지 않다는 자각에 이르게 되고, 그리하여 자신을 포함한 세계의 모든 사물이 과연 무엇인가를 묻게 된다. 앞서의 물음들이 이른바 '실존'의 물음이었다면 이는 그것보다 더 넓은 범위의 물음이다. 이 물음은 나 자신을 포함한 세계의 모든 사물들, 즉 존재에 관한 것이요, 좀 더 엄밀하게 말하면 '여기, 이곳'에 있는 존재, 이렇게 공간과 시간으로 규정되는 존재, 즉 정재定在에 관한 것이다. 우리 눈앞에 있는, 현전하는 세계에 관하여 우리는 이야기를 내놓아야만 한다.

이야기, 그것은 우리가 구성하는 것이다. 우리 눈앞에 다양하게 흩어진 사태들이 있다. 그것들을 나누고 모아서 하나로 꿰어진 설명을 만들어낼 때에야 우리는 비로소 그 사태를 이해하였다고 믿는다. 즉 현전하는 사태들, 정재들에 대한 그럴 듯한, 믿을 만한 설명을 꿰어서 체계적으로 만들어낼 때에라야 만족에 이른다. 그렇게 만들어진 이야기는 '신념의 체계'이다. 과학도, 철학도, 종교도, 예술도 이러한 체계들을 만들어내는 일이다. 그런데 철학이 하는 일은 하나 더 있다. 그렇게 만들어진 신념의 체계들이 잘된 것인지 검토하는 것이다. 철학은 자신이 만들어낸 것을 포함한, 세상의 모든 이야기들을, 신념의 체계들을 음미한다.

7

현전하는 사태에 대한 하나의 설명 방식이 있다. 사태는 물리적 사물과 사건이다. 현전하는 사태가 어딘가에 숨겨진 원인에 의해서 만들어진 것이라 생각한다면, 우리는 그 원인을 찾아 나설 것이다. 원인의 원인을 찾을 것이고 그렇게 끝없이 거슬러 올라가보면 첫째 원인이라 여겨지는 것이 있을 것이다. 그렇게 여겨질 뿐이다. 아무리 따지고 따져도 첫째 원인을 찾는 것은 불가능하다. 어떤 이들은 원인을 찾아 우주의 처음 순간까지도 거슬러 올라가려 한다. 그렇게 거슬러 가는 방법을 찾아내려고 한다. 그 방법이 정말로 틀림없는 방법인지는 모르겠으나 많은 이들이 그것을 이용하여 우주의 최초의 모습을 말한다. 그때부터 지금까지 우주가 변화해온 과정을 다양한 방식으로 설명한다. 우주의 처음은 이러하였고 우주의 변화는 이러하였다는 설명이 우주에 관한 과학적 탐구의 성과로서 제시된다. 처음에 관한 것은 정확하게 알 수 없으니 그것은 가정된다. 형이상학자들은 이 가정을 참지 못하고 '부동의 원동자' 따위를 덧붙이려 하였다. 이 방법의 핵심은 기술記述이다. 현전하는 사태를 서술하고 또 서술하고, 다시금 서술한다. 그러한 서술에 어떠한 의미도 부여하지 않는다. 서술한다는 것 외에는 어떠한 목적도 가지지 않는다. 끝없는 서술로써 끝이다. 그러나 우리에게 그것이 참인지 거짓인지 알아낼 방법은 없다. 또 다른 우주가 있어서 그것에도 처음이 있고, 그것으로부터 전개된 과정에 관한 그 모든 데이터가 확보되어, 지금 우리가 살고 있다고 하는 우주에 관한 데이터들과 비교 검토되어, 그것의 참을 잠정적으로라도 확정할 수 있어야 '과학'의 이름에 합당한 설명이 되고 잠정적인 참의 자리를 차지할 수 있을 것이기 때문이다. 그렇다 해도, 이렇게 궁극의 답을 주지 못한다 해도 사람들은 이 대답을 신뢰한다. 이 신뢰는 고대 희랍 세계부터 계속되어 왔다. 바울로에게 인과의 사슬에 근거한 앎을 내놓으라고 했던 이들도 이 방식을 신뢰하였다. 이것 역시 신뢰, 즉 믿음 위에 있다. 이 믿음은 다른 사람이 또 다른, 더욱 설득력 있는 인과의 사슬을 가져오면, 언제든 지금까지 가지고 있던 잠정적 참을 폐기할 수 있다는 규약을 전제하고 있다. 이것은 자연과학의 방식이다. 얼마나 많은 인류가 이 방식을 표준적인 것으로 받아들이고 있는지는 알 수 없다. 이 방식이 인류의 역사에서 표준적인 것 중의 하나로 받아들여지는 데에는 오랜 세월이 걸렸다는 것, 그것도 최근의 일이라는 것, 그리고 현재까지 발견한 방식 중에서는 가장 덜 폭력적이라는 것, 누구나 설득할 수 있는 절차를 지켜서 증거를 내놓기만 한다면 용인된다는 것, 굳이 이 방식을 신뢰하지 않는다 해도 심정에 괴로움을 주는 일은 없다는 것—이것은 틀림없다. 관대하다는 것은 현대를 사는 우리에게 몹시 매력적인 요소이다.

현전하는 사태에 대한 다른 설명 방식도 있다. 우리 눈앞에 보이는 사태는 모두 원인이 있다. 서로 엮여 있다. 사물과 사건이 서로 의존한다. 희랍의 앎은 그것을 원인과 결과로 구분하려 한다. 딱 잘라서 나누려 한다. 그런데 어찌 보면 무엇이 원인이고 무엇이 결과인지 알아내기 어려운 사태들이 참으로 많다. 원인과 결과의 계층구조 속에 집어넣어 위아래를 구분해낼 수 없는 경우가 있는 것이다. 그렇지만, 그렇게 원인과 결과를 알아낼 수는 없지만, 현전의 사태가 서로 의존하고 '있다'는 것은 틀림없다. 각각이, 서로의 원인일 것이다. 각각의 원인은 어딘가에 있을 것이다. 서로가 원인이 되었으니, 즉 인연因緣이 되었으니 뭔가 생겨났을 것이다(생기生起). 이것이 연기법緣起法이다. 그것은 알겠다. 서로가 엮여서 뭔가가 생겨났다는 것은 알겠다. 그러면 그것들을 주욱 거슬러 올라가서 단 하나의 원인을 찾을 수 있겠는가, 그것을 찾아내서 모든 사태가 '본래' 이러하다고, 그 사태의 정체성을 확연히 밝혀서 드러낼 수 있겠는가. '늘 그러한 것'(상재相在)이 있다고 할 수 있겠는가. 그러한 것을 확정지어 말할 수는 없다. 정체성은 없는 것이다—무아론無我論. 연기법에 따르면 우리 눈앞에 있는 것이 없다고 말할 수는 없다. 그것은 분명히 서로 엮여 있다. 무아론에 따르면 그렇게 있다고 하는 것이 늘 그렇게 있다고 말할 수는 없다. 눈앞의 것은 있는 것도 아니요 없는 것도 아니요, 있기도 하고 없기도 하다. 있는 것을 주장할 수도 없고, 없는 것을 주장할 수도 없다. 어디서 비롯되어 어디로 가는지 알 수가 없다. '있다'를 붙잡고 매달릴 수도, '없다'를 붙잡고 매달릴 수도 없다. 있다고 고집을 부리건, 없다고 고집을 부리건, 둘 다 헛되이 고집부리는 것이다—망집妄執. 생각해보자. 내 몸이 있다. 만져보라. 내 몸이 있다.

있다고 주장한다. 어디에서 생겨난 몸인가, 부모에게서 생겨났다고들 한다. '오로지' 부모인가, 부모뿐인가, 부모 말고는 없는가. 그렇다고 해두자. 그러면 부모는, 그리고 그 부모의 부모는, 어디까지 거슬러 올라갈 것인가. 모른다, 처음에는 알 듯하였으나, 몇 개의 사슬만 위로 더듬어도 알 수가 없다. 과학도 최초의 것에 대해서는 입을 다물지 않았던가. 내 몸이 있다. 없다고 하면 거짓이다. 언제까지 있을 것인가. 죽을 때까지 있을 게다. 그러면 그때까지는 확실할 것이다. 필멸일 내 몸은 얼마나 아껴주어야 하는가, 많이 많이 보살펴야 하는가. 죽으면 썩기 시작할 텐데, 누구의 몸이 썩는 것인가, 내 몸 아닌가, 바로 내 것이라 했던 이 내 몸이 썩는 것 아닌가. 살아 있는 몸과 죽어서 썩기 시작하는 몸——둘 다 내 몸 아닌가, 그러면 왜 상태가 다른가. 무엇을 진짜라고 해야 하는가. 살아 있는 몸이든 죽어서 썩기 시작하는 몸이든, 몸이란 덧없는 것 아닌가. 그 무엇도 선택할 수가 없다. '있다'도 맞는 말이고 '없다'도 맞는 말이다. '있다'도 틀린 말이고 '없다'도 틀린 말이다. 그러니 공空이다. 비어 있다는 것이 아니라, 그 무엇으로도, 있음으로도 없음으로도 말할 수 없다는 것이다. 억지로 말해서 공이라 한다. '있다'도 보아야 하고 '없다'도 보아야 한다. 둘 다를 보려면 어느 한쪽에만 서 있어서는 안 된다. 둘 다 보이는 곳에 있어야 한다. 가운데 서보아야 한다——중도中道. 가운데서 보아야 한다——중관中觀. 가운데 길에 서서 가운데서 보는 것은, 눈을 하나씩 각각에 두어야 하므로 불가능하다. 사실은 위에 올라서서 봐야 한다. 상관上觀이라고 할까. 남의 일 보듯이, 강 건너 불구경하듯이, 어디에도 마음을 두지 않고, 지그시 보아야 한다. 관조觀照다. 이는 마음을 비운다 해도 절대적 무無의 자리에서 보는 게 아니다. 보는 마음 한 자락은 쥐고 있는 것이다. 이 한 자락에서 더 해보려고 두 자락을 거머쥐면 집착이다. 집착은 욕심을 내는 것이다. 탐욕貪慾이다. 탐하고 욕하는데 쥐어지지 않으면 화가 난다. 진에瞋恚다. 본래 쥘 수 없는 것인데, 쥐어지지 않는다고 화내는 이만큼 바보가 없다. 어리석은 이가 난리를 치니 우치愚癡이다. 이 셋이 인간이 저지르는 근본 잘못, 탐貪·진瞋·치癡이다. 세 가지는 독물, 삼독三毒이다. 어찌해야 이 독을 빼낼 수 있는가. 계율戒律을 지키고, 고요히 앉아서(선정禪定), 지혜智慧에 이르고자 해야 한다――계戒·정定·혜慧. 이렇게 탐·진·치를 벗어나면 열반涅槃에 이른다. 열반이라 하기도 하고, 적멸寂滅이라 하기도 하고, 적정寂靜이라 하기도 하고, 무위無爲라 하기도 하고, 종국終局이라 하기도 하고, 청정淸淨이라 하기도 하고, 해탈解脫이라 하기도 하고, 피안彼岸이라 하기도 한다. 그러나 그것이 어떤 이름으로 불리든 그것에 이르렀다는 마음마저도 버려야 한다. 그것에 이르려 노력하되, 이르면 버려야 한다. 이르러야만 하나 이르렀다 해도 머물 수 없다. 그 지경地境에서도 중간에 있어야 한다.

현전하는 사태에 대한 또 다른 설명 방식도 있다. 우리 눈앞의 사태들, 존재자들은 어떠한 의미가 있을 것이다. 그러한 의미는 우리 눈으로 보아서 만들어낸 것이다. 우리는 각자가 의미를 만들어낸다. 그러나 그것은 믿기 어렵다. 우리 자신을 믿기 어려우므로. 어떻게 할 것인가. 진짜로 의미 있는 뭔가가 따로 있는 건 아닐까. 이 모든 것의 의미는 우리와는 전혀 다른 존재가 만드는 것이고, 우리는 헛된 생각만 하고 있는 것은 아닐까. 의심의 끝에서 결단을 한다. 이 세계의 모든 존재자에는 신이 의미를 부여하였다. 다른 말로 하면 신이 모든 존재자를 창조하였다. 창조—만들었다가 아니다, 의미를 부여하였다는 것이고 궁극의 원인이라는 것이다. 이것이 창조의 뜻이다. 그렇다면 신에게 대적할 존재가 없다. 어느 누구도 어느 것도 신의 상대가 될 수 없다. 신은 자신에 맞서려는 이들을 다 끊어내고 물리친다. 신은 상대를 끊는 자, 절대자絶對者이다. 신이 만들어낸 사물들은, 신 앞에서, 신에 의존하지 않으면 의미를 가질 수 없다. 인간도 다르지 않다. 어느 것도 신에 대적할 수 없으므로, 신이 의미를 부여하지 않는다면 절대적 무이다. 인간도 이것을 깨달아야만 한다. 인간이 알지 못할 때, 신이 세계의 창조자임을 알지 못하였을 때, 그때에도 신은 세계를 만들었다. 인간이 알고 모르고는 중요하지 않다. 신은 이미 이 세계를 만들었고, 인간은 그것을 모르고 있었을 뿐이다. 인간은 이미 신 안에(in te) 있는데, 알지 못할 뿐이다. 신이 세계의 창조자임을 알았다는 것은 인간이 신 안에 있는 존재자라는 것을 알았다는 것이다. 여전히 이때에도 인간은 신 안에(in te) 있는 존재이다. 알기 전이나 안 다음이나 신 안에 있다. 'in te'에서 'in te'로의 변화이다. 아니, 똑같은 상태이다. 아느냐 모르느냐의 차이만 있다. 이 차이는 의식의 자각이다. 믿음일 뿐이다. 이 믿음을 받아들이는 자가 종교인이다.

'세계의 존재자는 신이 만든 것'이라 함은, 세계를 볼 때 신의 눈으로 본다는 것, 신이 의미를 부여함을 자각한다는 것이다. 그러면 신은 세계를 어떻게 만드는가. 기독교도들은 '말'로써 만든다고 한다. 말로써. '빛이 있으라'고 하면 빛이 있어야 한다. 신에게서 흘러나온 말 이외의 것이 창조의 재료와 도구로 사용되어서는 안 된다. 모든 것을 신이 주어야 한다. 그렇게 할 때에만 이 세계와 세계의 존재자가 온전히 신의 피조물이 되며 하나도 남김없이 의미를 부여받을 수 있다. 《구약 성서》〈창세기〉를 편다. 맨 처음에 신의 세계창조가 쓰여 있다. 맨 처음에 그걸 선언해야 한다. 그것이 천명되지 않고 세계가 신 없이 흘러가고 있다가, 신이 중간에 불쑥 끼어들 수는 없다. "한처음에 하느님께서 하늘과 땅을 지어내셨다. 땅은 아직 모양을 갖추지 않고 아무것도 생기지 않았는데, 어둠이 깊은 물 위에 뒤덮여 있었고 그 물 위에 하느님의 기운이 휘돌고 있었다"(창세기, 1:1~2).

이 부분을 읽고 머리 속에서 구체적인 하늘과 땅, 어

둠, 물, 기운을 떠올려서는 안 된다. 이것들은 신이 세계에 의미를 부여하였음을 설명하기 위해 만들어진 장치, 상징들이다. 이것을 사람들은 '창조론'이라 부른다. 의미부여론이라 할 것에 이러한 명칭을 붙였다. 세계는 우주의 티끌로 만들어졌다. 이것은 잠정적 참으로 인정되는 사실 설명이다. 창조론은 사실 설명이 아닌 상징 해명이다. 이른바 '진화론'과 부딪히는 지점이 전혀 없다.

하느님은 아무것도 갖지 않은 상태에서 세계를 만들기 시작한다. 아무것도 없으니 무이다. '무로부터의 창조'(creatio ex nihilo)이다. 처음에 만든 것이 "하늘과 땅"이다. 그리고 "한처음"이다. 시작하는 시간이다. 첫 문장을 다시 쓰면 이러하다: '하느님은 시간과 하늘과 땅을 만드셨다.' 세계는 시간 속에서 만들어진 것이 아니라 시간과 함께 만들어졌다(creatio cum tempore). 하느님은 시간 밖에 있었다. 그러다가 시간과 하늘과 땅을 만든 것이다. 시간부터 생각해보자. 시간은 사물이 있어야 있다. 사물이 최초의 상태에서 바로 다음 상태로 변화할 때의 간격이 시간이다. 사물과 사건의 변화가 있어야 시간이 있다. 사물이 없고 사건이 없으면 시간도 없다. 태어나는 아이를 떠올려보라. 아이에게 언제부터 시간이 있는가. 그 아이에게 시간을 부여하는 시작점이 언제인가. 정자와 난자가 결합된 순간부터 측정하지 않는가. '임신 3개월'은 그 결합이 있은 지 3개월이라는 경과를 가리키지 않는가. 그 결합 이전에는 아이에게 시간이란 없지 않은가. 아이와 마찬가지로, 꼭 그와 같이 신의 창조 이전에는 사물이 없었고, 사물들의 사건이 없었고, 바로 그런 까닭에 시간도 없었다. 최초의 창조는 시간 속에서 이루어질 수 없었다. 그러면 시간 이전은 무엇인가. 하느님만 있었던 '시간 밖'은 무엇인가. 그것은 '영원'이다. 영원은 시간을 한없이 늘려서, 무한히 쌓아 올려서 만들어내는 것이 아니다. 영원은 시간을 벗어나 버린 것이다. 영원에는 시간의 흐름이 없고, 과거와 미래도 없다. 현재로 있다. 아니 그저 있다—신의 시간. 하늘을 생각해보자. 하늘은 설계도이다. 시간과 공간, 그리고 그것을 지배하는 물리적 법칙을 벗어난 것이다. 그곳에는 신의 전지전능함이 묻어 들어 있다. 신의 전지전능으로 가득 차 있다. 땅을 생각해보자. 땅은 우주를 형성하는 원물질原物質, 어떤 형태로 만들어지기 이전의 것, 재료이다. 시간, 하늘, 땅—이 모든 것들이 신에게서 나왔다. 모든 것에 신의 모습이 묻어 있다. 온전히 신의 것이다. 신의 의미를 온전히 담고 있다.

신은 세계를 창조하였다. 신은 세계에 의미를 부여하였다. 그리고 자신이 만든, 자신이 의미를 부여한 세계를 바라본다. 온전한 기쁨이 신에게 가득 찼을 것이다. 무어라 말을 하지 않을 수 없다. 무어라 할 것인가. '못마땅하다' 할 것인가. '짜증난다' 할 것인가. 신은 그렇게 말하지 않았다. 〈창세기〉 1장 마지막 절은 이렇게 쓴다: "이렇게 만드신 모든 것을 하느님께서 보시니 참 좋았다"(창세기, 1:31). "좋았다." 보기에 좋다는 것이다. 선하다는 것이다. 아름답다는 것이다. 자신이 창조하지 않은 것에서, 남들이 가져다준 걸로 뭔가를 억지로 만든 것이 아니다. 오로지 자신으로부터 길어 올린 것을 가지고 오로지 자신의 힘으로 만든 세계이다. 낯선 것은 아무것도 없는 창조이다. 소외되지 않은 만들기다—신의 노동. 인간은 이러한 신의 노동으로 만들어진 존재이다. 게다가 신의 모습을 닮았다.

신은 세계를 만들었다. 그러고나서 신은 세계를 떠나

지 않았다. 자신이 만든 세계 안에서 뭔가를 계속하였다. 신의 노동은 쉬지 않는다. 바울로는 〈에페소 인들에게 보낸 편지〉에서 말한다: "그분은 만물 위에 계시고 만물을 꿰뚫어 계시며 만물 안에 계십니다"(에페소, 4:6). 신은 만물 위에 있다. 만물이 있기 전에 있었고 만물을 만들어낸 이다. 이것은 신의 초월성이다. 신은 만물을 꿰뚫고 만물 안에 있다. 신은 만물을 만든 뒤에도 세계에 들어와 있다. 만물 안에서 뭔가를 한다. 끊임없이 만물에 섭리로써 신의 뜻을 부여한다. 이것은 신의 내재성이다. 세계에 계속해서 참여하고 자신의 뜻대로 세계를 인도해나간다. 신은 세계 안에서, 세계의 변화 속에서, '시간 속에서' 활동한다. 이것은 신의 역사성이다.

신이 만든 세계는 신에게 의미를 부여받았다. 인간은 여기서 다른 존재들과 다른 위치에 있다. 신은 인간도 만들었다. 그러나 다른 존재들과 다르게 만들었다. 창조론은 신이 세계에 의미를 부여하는 방식에 관해 이야기한다. "하느님께서는 '우리 모습을 닮은 사람을 만들자! 그래서 바다의 고기와 공중의 새, 또 집짐승과 모든 들짐승과 땅 위를 기어다니는 모든 길짐승을 다스리게 하자!' 하시고, 당신의 모습대로 사람을 지어내셨다"(창세기, 1:26~27). "우리 모습을 닮은 사람", "당신의 모습대로"——신을 닮았다는 말이다. 신의 모상(imago dei)이다. 신은 신을 닮은 존재만이 볼 수 있다. 신은 인간만이 볼 수 있다. 신을 봄(visio dei). 그러나 신은 눈에 보이지 않는다. 신을 보고 싶으면 신의 모습을 닮은 존재, 인간을 보아야 한다. 아우구스티누스와 데카르트는 인간에서도, 그 내면에서 신을 볼 수 있다고 하였다. 신과 인간은 이렇게 연결된다.

신이 이 세계를 창조하였다는 것, 신이 이 세계에 의미를 부여하였다는 것을 전제하지 않으면, 인간은 세계를 신의 관점에서 볼 수 없다. 인간은 절대적으로 무기력한 존재이다. 그것을 인정해야 신이 이 세계에 의미를 부여한다는 것을 인정하게 된다. 세계의 전적인 주권자는 신이고, 인간은 의미를 부여할 수 있는 권능을 전혀 가지고 있지 않다. 세계를 이해하려면 신을 믿어야만 한다. 신이 세계의 주권자임을 믿고 승인할 때에야 세계에 대한 앎이 가능하다. 이 앎은 과학적 앎이 아니다. 이 세계에서 의미 있게 삶을 영위하는 데 요구되는 앎이다. 이것이 '이해를 추구하는 믿음'(fides quaerens intellectum), '이해하기 위해서 믿는다'(credo ut intelligam)는 명제가 뜻하는 바이다.

바울로가 아테나이에서 전하고자 하였던 "새로운 가르침"은 〈사도신경〉(Credo)에 집약되었다. 〈사도신경〉의 첫째 테제는 '천지를 만든 하느님 아버지를 믿는다'는 것. 이것이 모든 것을 담고 있는 시원始原(archē)이다. 둘째 테제는 '예수 그리스도가 신의 외아들'이라는 것. 인간은 세계가 신에 의해 창조되었음을, 신이 세계에 의미를 부여하였음을 알지 못한 채 살아왔으며, 예수는 그러한 무지가 원죄임도 모르고 무지의 무지 상태에 처해 있던 인간을 무지의 자각을 거쳐 앎의 상태로 이행시키고, 그러한 이행의 끝에서 구원에 이르게 하는 사명을 띠고 등장하였다. 예수는 인간과 접촉하기 위해, 인간에게 말을 건네기 위해, 하늘에서 땅으로 내려와 인간이 된 신이다. 인간은 신과 직접 대화할 수 없으므로 신이면서도 인간인 존재가 인간과 신을 매개해야만 한다. 신이 된 인간, 인간이면서도 신인 존재, 신神-인人, 인人-신神, 논리적으로는 하나의 존재 안에 공존할 수 없는 두 개의 속성을 담지한 존재가 하늘과 땅 사이에 있어야만 하거니와, 둘째 테제는 바로 이러한 매개를 언명하고 있다. 그러한 존재는 '성령'으로 잉태되어야만 한다. 세계가 오로지 신에게서 기인한 것으로 창조되었듯이, 인간을 구원하려는 이도 신으로부터 창조되어야만 한다. 이는 '사람이 어떻게 신일 수 있는가, 동정녀가 어떻게 사람을 잉태할 수 있는가'라는 자연학적 물음의 영역에 있는 사태가 아니라, 신의 세계창조라는 의미를 인간에게 알리기 위해 구축된 서사에서 필연적으로 요구되는 조건인 것이다. 인간 예수는 구원자 그리스도이어야만 하고, 이로써 "말씀"이라는 초월적 신은 육신을 입고 현실화되어서, 현실 세계에 살고 있는 우리에게 와서 "우리와 함께" 있을 수 있게 되었으며, 이러한 하강에 의해 "우리는 그분의 영광을" 볼 수 있게 된다. "말씀이 사람이 되셔서 우리와 함께 계셨는데 우리는 그분의 영광을 보았다"(요한, 1:14). 신은 인간을 구원하기 위한 구원자(그리스도)의 소명을 인간(예수)에게 부여하여 내려 보냈다. 단 한 번의 내려옴—이로써 땅 위의 인간은 세계의 창조라는 이념을 알게 되었으니, 예수라는 인간을 그리스도로 받아들이기만 하면 되거니와, 예수 이후에는 그리스도가 다시 올 필요가 없다. '재림 예수'라는 것은 헛된 망상에 지나지 않는 것이다. 구원의 단초는 단 한 번으로 충분하고 이미 일어난 사건이요, 되풀이될 까닭이 없다.

예수가 그리스도로서 내려왔다고 하는 이 일회적 사건에 마주 선 인간은 어떻게 해야만 하는가. 바울로는 우리가 할 일을 간명하게 말한다: "주 예수 그리스도로 온몸을 무장하십시오"(로마서, 13:14). 그리스도가 된 예수로 인하여 인간은 신이 세계에 대한 절대적 주권자임을 다시 깨닫게 되었고—이를 예수의 입장에서 말하자면, 무지라는 원죄를 지고 있던 인간을 대신하여 속죄하는 것이다—, 그로써 다시는 무지라는 죄에 빠지지 않을 수 있게 되었으니, 인간은 그저 그것을 인정하기만 하면 된다. 이것이 '예수 그리스도를 믿는다'는 것이다. 기독교는 예수 믿어 천국 가는 종교가 아니다. 인간의 입으로는 그런 것을 말할 수 없다. 인간이 할 수 있는 일은 내 몸 안에 그리스도 예수를 집어넣는 일이다.

8

'예수 그리스도로 무장하는 일'이 무엇인지, 아우구스티누스를 참조하면서 더 생각해본다. "나는 바로 알리피우스가 있는 곳으로 급히 돌아갔습니다. 왜냐하면 내가 그곳을 일어나 떠났을 때 사도(바오로)의 책을 놔두고 온 까닭입니다. 나는 그 책을 집어들자마자 펴서 내 첫눈에 들어온 구절을 읽었습니다. 그 구절의 내용은 '방탕과 술 취하지 말며 음란과 호색하지 말며 쟁투와 시기하지 말고 오직 주 예수 그리스도로 옷 입고 정욕을 위하여 육신의 일을 도모하지 말라'(로마서, 13:13~14)였습니다. 나는 더 이상 읽고 싶지도 않고 또한 더 읽을 필요도 없었습니다. 그 구절을 읽은 후 즉시 확신의 빛이 내 마음에 들어와 (infusa cordi meo) 의심의 모든 어두운 그림자를 몰아냈습니다"(고백록, 8,12,29).

예수가 그리스도임을 인정하게 될 때, 바로 그 순간, 확신, 즉 확실함과 안심이 동시에 내 마음으로 들어온다. 이것이 바로 회심(metanoia)의 순간에 일어나는 일이다. 회심을 겪은 이들에게 세계는 다르게 보인다. 이들은 신이 곧 올 것임, 신의 임박함에 대한 확고한 의식을 가지고 살아가게 된다. 이들은 사람들에게 자신들의 회심의 내용을 전하기 시작한다. 이들이 전하는 말씀은 '복된 소식', 복음(Evangelium, Gospel)이요, 이는 바울로가 말하던 "새로운 가르침"이다. 새로운 가르침, 복된 소식은 세계에 대한 정확한 지식을 인과관계에 따라 제시하는 것이 아니라, 새롭고 복된 의미를 세계에 부여하여 그 의미를 받아들이는 이들의 삶의 방식을 변화시키고, 그러한 삶의 방식 위에서 어떤 일이 옳은지를 판단하는 방식(way of being right)을 바꾸어버린다. "첫째가 꼴찌가 되고 꼴찌가 첫째가 되는 사람이 많을 것이다"(마르코, 10:31). 그들은 에게 해로 와서 자신들이 "첫째"임을 주장하며, 오랫동안 수많은 신들(gods)이 지배하고 있던 다신교의 세계에 유일신(the God)을 밀고 들어갔다. 에게 해에서, 처음에는 꼴찌였으나 300년쯤 지났을 때, 이들은 첫째가 되었다. 이들이 '옳다고 여기는 방식'은 공동체의 삶, 빵·포도주·물·기름 같은 사물을 통해 행해지는 예배의 형식, 그리고 가난한 자들에 대한 헌신을 통해 지상에 존재하는 '그리스도의 몸'으로 구현되었다. 그리고 이러한 세계에서 아우구스티누스가 등장하였다.

아우구스티누스(354~430)의 생애는 기독교 성인의 삶의 전형이다. 방탕―이교에 대한 탐닉―극진한 신앙을 가진 어머니―회개와 교우에게 헌신하는 삶―죽음. 그의 삶을 구성하는 요소들은 승리한 기독교의 정당화에 요구되는 모든 것을 가지고 있다. 그것은 꿰어 맞춰진 이야기이다. 그의 자서전으로 알려진 《고백록》은 자서전이 아니다. 그것은 말 그대로 "고백"이다. 그러나 《고백록》 읽기는 알게 모르게 우리를 그의 삶에 대한 목적론적 독해로 이끌어 간다. 신의 뜻을 드러내는 도구로 쓰이는 것이 그의 삶의 목적이었고, 그 목적에 아주 합당하게 삶의 전 과정이 신에 의해 미리 설계된 것처럼 전개되는 것이다. 그것은 당연한 것이다. 우리가 거듭 상기해야 하는 것은 이 책이 자서전이 아니라는 사실이다. 이 텍스트는 신앙 고백이다. 그가 이 책을 쓰기 시작한 시기는 회심한 지 11년이 지난 후 그의 나이 43세 때였다. 자신의 삶에 대한 정당화를 마련하고 싶은 시기였다. 그는 회심 이전의 모든 사건을 회심 이후로 종속시킨다. 그의 삶에는 전혀 다른 종류의 것들이 뒤섞여 있었다. 우리는 이것을 해체해야 한다. 그렇게 해야만 각각이 분명하게, 동등하게 보이고, 우리는 각각을 독자적인 것들로 파악하게 된다. 우리는 회심 이후의 삶에 종속되는, 회심 이전의 삶에서, 중요한 의미를 발견할 수도 있다.

어느 시대를 살아가든 인간의 삶은 여러 국면을 편력한다. 시대가 인간의 삶에 각인되는 것이다. 아우구스티누스의 시대는 서로마제국이 마지막을 향해 가는 때였다. 이른바 '제국의 종말'이 다가오고 있었다. 대다수의 젊은이들은 세속의 욕망을 가졌다. 그들은 그 욕망을 충족시키려 하였을 것이다. 1500년이 지난 지금을 살아가는 우리와 다르지 않다. 나의 젊은 날을, 너의 어린 시절을 회상해보라. 신의 섭리는 아랑곳하지 않고 우리는 나날을 살아간다. 나면서부터 기독교도였다 해도 날마다 예수 재림의 날을 기다리며 금욕과 고난의 삶을 살아가지는 않는다. 신앙은 세속의 생활에 묻어 들어가 더 이상 긴장을 일으키지 않고, 우리는 하루의 욕망에 따라 산다. 아우구스티누스 시대의 로마 인들도 마찬가지였다. 그가 죄악에 물든 방탕한 나날이었다고 깊이 뉘우치는 어린 시절에 배나무에서 배를 훔친 일로 그는 참회를 거듭한다.

그렇게나 참회할 일일까. 그만한 일로 그렇게 참회를 한다면, 지옥불에 떨어질 일들을 수도 없이 저지른 우리는 어쩌란 말인가. 카르타고의 학생 시절에 마니교에 빠져들었던 그는 그것이 엄청난 죄악임을 고백한다. 그런데 그게 그렇게도 큰 죄악일까? 기독교는 마니교보다도 더 나은 종교인가. 마니교도도 기독교도도 아닌 사람들의 눈에는 거기서 거기 아닌가. 종교 전체가 미신과 망상에 대한 몰입에 불과한 것은 아닐까. 우주는 티끌 덩어리들이 여기저기 아주아주 성기게 떠 있는, 아무리 큰 별이라 해도 이 광활한 우주에 비하면 하찮은 먼지일 뿐인 텅 빈 공간—바로 이 명백한 사실을 그렇게나 독실한 신앙인인 파스칼이 절절하게 고백하지 않았던가—이니 여기서 어떤 의미를 찾는 것은 전혀 무의미한 일이요, 더 나아가 신을 닮은 인간의 우위를 운위하는 것은 망상 중의 망상일 것이다. 그러니 아무런 신앙심도 없는, 우주와 자연의 우연한 떨어짐과 모음, 모임과 흩어짐을 담담하게 바라보고 있을 뿐인 사람은 그러한 혼합물들이 저절로 스스로의 떠밀림에 의해 움직여지고 있는 것들에 어떠한 목적을 부여하는 것을 참으로 어이없는 일이라 여길 것이다.

9

아우구스티누스는 아리스토텔레스의 책을 읽었다. 그는 신플라톤주의자의 책들도 읽었다. 이 모든 책들은 그에게 아무런 의미도 없는 것이었다고 고백한다. 이 책들을 날마다 머리를 써서 읽고 연구하는 이들은 그의 고백에 허탈해진다. 나에게는 그렇게도 의미 있는 책들이 그에게 그렇게나 무의미하다는 사실. 건너뛸 수 없는 거대한 심연이 그와 나 사이에 놓여 있다. 그가 옳다고 여기는 방식과 내가 옳다고 여기는 방식 사이의 단절, 그에 따라 그가 자신의 삶을 정당화하는 요소들과 내가 나의 삶을 정당화하는 요소들의 차이. 이것은 1500년 전의 그때와 지금의 시간 거리만큼이나 뚜렷하다. 현대의 우리들 사이에도 아우구스티누스와 나 사이의 차이 같은 것들이 엄연히 존재한다. 삶의 방식의 수없이 많음은, 세월이 아무리 많이 지나도 없어지지 않는다. 대립은 대립으로 여전히 남아 있다.

아우구스티누스의 시대는 머나먼 고대 희랍의 자연철학자들의 세계인식이 물러난 때였다. 희랍의 자연철학자들은 세계가, 세계 속의 인간이, 자연물이었음을 알고 있었다. 그들은 세계와 인간에 어떠한 의미도, 더 나아가 궁극적인 목적도 부여하지 않았다. 기껏해야 '있음만 있고, 없음은 없다'는, 움직임과 변화는 설명하기 어려운 것이니 그것에 매달리면 그 무엇도 확증적으로 말할 수 없으리라는 걱정에 떠밀린 파르메니데스의 고집이 있었을 뿐, 다른 이들은, 이렇게 저렇게 말은 달랐다 해도 세계와 인간은 그저 이합집산으로 모인 덩어리들일 뿐임을 천명하였다. 그것이면 충분할 것이었다. 우주의 실상을 좀 더 발전된 발명품들로 확인하면 되었을 것이다. 이 발명품들에 의한 확인은 갈릴레이에 의해, 그에 이은 과학혁명 시대의 자연학자들에 의해 이루어졌으니 지나치게 많은 세월을 기다린 것도 사실이지만. 그런데 자신의 앞선 시대에 나타났던 자연철학자들, 특히 아낙사고라스의 말을 견디지 못하였던 소크라테스는 세계와 인간에 의미를 부여하려 했다. 자연철학자들은 인간이 틀림없이 우주의 자연물이라 하였다. 우주 만물을 지배하는 법칙 아래 놓여 있는 '것'이라 하였다. 그렇게 규정하였다. 그것으로써 모든 것이 해명되었다. 그러나 소크라테스는 그렇지 않다고 하였다. 인간은 자연철학적으로 규정할 수 없다고 하였다. 인간에게는 충동이 있고 의지가 있고 목적이 있어서 다른 '것'들과는 다르다고 하였다. 이로써 소크라테스에서 시작된 고난의 길, 불필요해 보이는 난문(aporia)이 세상에 펼쳐졌다. 플라톤은 소크라테스의 난해한 시도를 극한으로 끌고 올라가 세상에는 '좋음'의 이데아가 관철되어 있다고 고집을 부렸다. 그것이 목적이라는 것이다. 그는 분명히 자연을 떠났다. 혼의 불사不死를 믿어야 한다고, 그것에 관한 이야기를 '보존'해야 한다고 사람들을 '설득'하려 하였다. 아리스토텔레스는 더 큰 야욕을 가졌다. 존재 자체의 자발적 우연적 움직임으로써 움직여가는, 자연물이라는 질료와 우연한 움직임이라는 작용만이 관철되는 자연세계를 목적과 궁극적 실재인 형상과 이어 붙여 연속체를 만들려 한다. 전혀 이질적인 것들의 결합이다. 이질적이니 억지가 동원된다. 아리스토텔레스는 그저 떠돌아다니고 있을 뿐인 자연물 안에 목적이 들어 있다고 말한다—내재적 목적론. 자연물들은 저마다 목적을 가진 '무엇'으로 변형되고, 종국에는 신을 향하게 된다. 이로써 그는 신이 최고의 위치에 놓인 거대한 우주 만물의 연쇄를 만들어낸다. 그러하니 그가 중세 스콜라 학자들에게 참으로 소중한 '철학자'로 받아들여지게 된 것은 당연한 일일 것이다.

자연철학자들의 세계인식을 무너뜨린 거대한 목적론으로써 희랍의 사유가 완결되고, 로마가 지배하는 시대가 되었다. 마음이 편안하고 목숨이 길게 유지되기를 바랐던, 나라를 위해 목숨을 바치면 그 목숨 값을 나라가 기려주는 명예의 나날을 살아가는 로마 사람들에게 철학적 사변은 한갓된 유희이자 기껏해야 삶의 위안거리였다. 그들 중에는 바울로와 논쟁을 벌이던 사람도 있었으나 식민지 유대 지방에서 나타난 이야기가 그들의 마음속을 곧바로 파고든 것은 아니었을 것이다. 그러나 세상은 여러 겹의 세월을 지냈고 아우구스티누스 시대의 로마는 기독교도의 세상이었다. 기독교라는 것이 더 이상 낯선 가르침이 아닌 세상이었다. 그저 나날의 일상에 스며들어온 실정적 규범과 같은 것이었다. 그러면서도 서로마제국은 쇠망해가고 있었다.

아우구스티누스의 말년은 서로마의 쇠망을 직접적으로 보여준다. 서기 400년대, 아우구스티누스의 고장에

침입한 반달 족은 북아프리카 지역을 폐허에 가까운 곳으로 만들어버렸다. 아우구스티누스는 포위된 히포 시에서 병으로 누웠고 그것이 그를 죽음으로 몰아넣었다. 그의 전반부 생애가 제국의 젊은이의 흔한 삶이었다면, 그의 후반부 생애는 제국의 열렬한 기독교도의 삶이었다. 극명한 대조가 그의 삶에 교직되어 있다. 우리는 그의 삶에서 두 개의 삶의 방식을 읽는다. 그것들을 각각 '이교도(Pagan)의 삶'과 '기독교도(Christian)의 삶'이라 부를 수도 있을 것이다. 《고백록》은 이교도의 삶을 벗어 던지고 신을 향해 가는 중간 과정을 회고적으로 서술한다. 《고백록》은 두 개의 삶이 겹쳐지고 이행하고, 하나가 다른 하나를 굴복시키는 기록이다. 우리에게는 그러한 겹쳐짐, 이행, 굴복 각각이 음미할 만한 재료이다. 우리의 삶을 이루고 있는 여러 겹의 판들에 대한 일종의 본本이기 때문이다. 이 본들을 읽는 것은 하나의 일이고, 그러한 읽기를 하면서 동시에 자신을 읽는 것은 또 다른 하나의 일이다. 그저 남의 일이지만, 그 일이 내 안에 들어와 나의 일처럼 여겨지는 것은 어렵다. 그렇다 해도 여러 번 시도하여 볼 만한 가치가 있다. 그러한 시도들이 어떠한 본도 전제하지 않은 자기 읽기를 가능케 할 것이고, 궁극에는 자신의 삶을, 아우구스티누스처럼 회고적으로 서술하면서도 하나의 목적에 따라 꿰어 맞추는 전진적前進的 배진적背進的 구성을 성취하게 할 것이다.

10

신을 믿지 않는, 신이 세계에 어떤 의미를 부여하는 일 따위를 하찮게 여기는 이에게도 자신이 삶에 부여한 의미는 있을 것이다. 어느 날 갑자기 '무엇'이라고 스스로가 정하는 것일지도 모른다. 아니면 어느 '누구'가 의미일 수도 있다. 그 의미와 그 누구는 언제 나타날지 모르니 삶의 시작에서든 죽음의 순간에서든 숨어 있는 것일 수밖에 없다. 숨어 있는 것이든 명료하게 드러난 것이든, 그것은 객관적 증거들로써 설정되는 것이 아니다. 그저 내가 정하는 것이다. 내가 '그렇다'고 하면 그런 것이다. 아우구스티누스에서도 마찬가지이다. 그는 '신을 향하겠다'고 결심하였다. 그 어떤 이유들도 다 변명일 뿐이다. '인간은 신을 닮은 존재'라는 내면의 확신을 가지고 '내가 신을 향해 간다'는 신념을 펼쳐 보이는 것이다. 다른 사람들이 뭐라 했기에 그것이 대단한 확신으로 다가오는 것이 아니다. 내가, 바로 내가 신을 향한다. 이것이 아우구스티누스의 주관적 관념론이다. 나도 그러하다. 내가 정한 의미를 향해서, 그것이 전지전능한 신이 아니어도, 나 자신이 나아간다. 이것이 나의 주관적 관념론이다.

아우구스티누스가 향해 가던 신은 '저기'에 있다. 저기 어디에? 저기가 어딘가? 그런데 생각해보자. 신이 저기에 있다고, 그러니 저기로 가야 한다고 마음먹은 곳은 어디인가. 마음먹은 곳, 바로 거기 마음, 영혼이다. 인간의 영혼 안에 신이 있다. 내가 신을 찾으려면 어디로 가야 하는가. 나의 영혼으로 가야 한다. 나의 내면을 뒤져보아야 한다.《고백록》제10권은 '기억(memoria)의 신비'를 말한다. 플라톤은 형상形相이라는 불변의 실재가 있다고 말하였다. 그것은 어디에 있는가. 저기에 있다. 인간은 그것을 알아내서 그것을 모방(mimēsis)하여야만 한다. 그것을 알아내지 못하면 형상 닮은 것, 즉 파라다이그마(paradeigma라도 알아내서, 그것이 하늘에 바쳐져 있다고 간주하고 그것이라도 모방해야만 한다. 그의 대화편《국가》제9권에 나오는 이야기이다. 인간이 그것을 아무리 원한다 해도 그것은 인간 안에서 찾을 수 없다. 저기에 객관적으로, 모든 물질적인 것을 벗어 던진 순수 형상으로서 있다. 저기에 있다고 하니 객관적인 것이요, 물질적인 것을 벗어 던진 것이니 관념적인 것이다. 이것이 플라톤의 객관적 관념론이다. 인간은 아무리 노력해도 그것에 이르를 수 없다. 설혹 이르렀다 해도 그것이 그것인지 확신할 수 없다. 안심에 이르는 것은 아예 꿈도 꾸지 말아야 한다. 아우구스티누스에서는 내 영혼 안에서 신을 찾으면 된다. 내 영혼 안에서 신을 찾아내면, 그것이 신임을 확신하면, 안심할 수 있다. 확신에서 안심으로 이어진다. 이 안심은 내가 안심에 겨운 나머지, 확신과 안심의 경로를 따르지 않는 이들을 비난하고 핍박하고 절멸에 이르게 할 조처들을 강구할 정도로 강력하다. 아우구스티누스의 영혼에 자리잡은 신은 그렇게 무서운 위력을 가진다. 아우구스티누스와 내가 향해 가는 주관적 관념론은 명백히 허구이다. 우주의 티끌에 지나지 않는 인간이 세워 놓은 의미의 덩어리일 뿐이다. 그것만은 분명히 해두자. 그러나 인류의 역사는 이 덩어리들이, 그리고 이 덩어리들을 붙들고 벌어진 싸움이 채워왔다. 우리는 어쩔 수 없이 이것을 들여다보아야 한다. 그리고 그것을 들여다보는 방법을 알아내기 위해《고백록》을 읽어야 한다. 완벽한 허구의 구성물인 이 책을.

《고백록》은 무엇보다도 치밀한 자기정당화, 즉 '자신의 생에 대한 변론'(apologia pro vita sua)이다. 아우구스티누스가 새롭게 받아들인 믿음의 체계, 즉 기독교의 제도 안에서 일정한 지위를 차지하고 활동해온 성과를 당당하게 드러내는 구성물이다. 그것의 표면에는 사람들을 참다운 기독교도로 이끌려는 의도가 있다고들 한다. 그의 시대에는 이미 기독교도들이 다수를 차지했지만 참다운 기독교도가 드물었기 때문에 그들을 다시금 회심시키기 위해서였다고 한다. 이는 같은 신앙 체계 안에서 신앙의 정도가 더 강해지는 것을 가리킨다. 그러나 다른 신앙 체계를 가지고 있거나 아무런 신앙 체계도 가지고 있지 않던 이가 새로운 신앙 체계를 가지게 되는 '개종'에 대해서도 우리는 '메타노이아'metanoia(회심)라는 말을 쓸 수 있을 것이다. 그렇다면 아우구스티누스처럼 후자의 경우에 해당하는 이가, 즉 세속적 욕망에 물들었던 시기와 고도의 사변적 학술을 익히던 시기를 거쳐온 이가 극적으로 개종하는 과정을 고백하는 것은 전자의 경우에 해당하는 이들에게는 상당히 고무적인 일이었을 것이다. 더 이상 신앙의 고난이 절박하게 느껴지지 않는 시대에, 나면서부터 지니고 있던 신앙이 별다른 절실함을 주지 않는 이들에게

65

절실했던 개종의 고백은, 신앙의 의미를 되새기게 하고, 더 나아가 시대의 혼란을 이겨낼 힘을 가져다주었을 것이며, 이러한 되새김과 힘이 오늘날에도 《고백록》을 읽는 의의를 만들어낼 것이다.

《고백록》은 신앙으로 가는 길을 간명하게 도식화한다. 죄에 물들어 있는 상태—회심 단계—신을 향하는 단계. 이 단계들에는 잘 배합되어 들어간 삶의 타락한 국면들, 그의 어머니 모니카라는 극적인 인물 등이 제시되고, 고백 다음 단계에는 창조론·신론·인간론·기독론·시간론·악의 기원·구원의 은총 같은 추상적인 신학적 사변들이 무겁게 자리잡고 있다. 그리고 이 모든 것을 '신에 대한 사랑과 찬미'가 감싸고 있다. 완전한 구성을 갖춘 책이다. 이 책이 그렇게 오랫동안 기독교라는 신념 체계에서 하나의 전범으로 탐독된 것은, 완전한 구성이 내용만으로 성취된 것이 아님을 보여주는 형식미形式美 때문이다. 전체는 열세 권으로 이루어져 있다. 1권부터 9권은 아우구스티누스의 삶에 관한 이야기이다. '자신의 생에 대한 변론'에 해당하는 부분이 여기다. 생애 전체가 서술되고 그것이 읽는 이에게 감동을 불러일으킬 때 10권은 그것을 갈무리한다. 10권은 아우구스티누스 자신의 기억의 심층 안에 신이 자리잡고 있음을 설파한다. 읽는 이는 1권부터 9권을 거쳐오면서 읽는 이 자신의 삶을 아우구스티누스의 삶에 빗대어 회고하였을 것이다. 그러면서 신이 자신의 삶에 어떤 의미를 가지고 있는지를 음미하기도 하였을 것이다. 이미 굳건한 삶의 방식을 고집하고 있는 이는 이 책을 손에 쥐지도 않았을 터이니, 읽는 이가 그의 삶의 과정에서 흔들림을 경험한 것은 당연한 것일 테고, 이제 자신의 기억에, 의식 깊은 곳에 자리잡은 희미한 신념을 강한 것으로 다져내기에는 10권이 더 없이 좋은 결절점結節點이다. 10권을 읽으면서 자신의 의식 속에 신을 확고히 새겨 넣지 않은 이들에게는, 신의 조화로운 세계를 피력하고 자신과 신의 관계를 시초부터 종국까지 더듬어 가되 그것을 성서의 〈창세기〉에 의거하여 해석해 나아가는 셋째 부분, 즉 11권부터 13권은 멀뚱멀뚱한 신학적 요설饒舌에 지나지 않는다. 신이 내 마음에 자리잡지 않았는데, 세상을 신이 창조했다는 게 다 무엇이며, 교회가 무슨 쓸모이겠으며, 성서가 어디에 쓰는 물건이겠고, 성사聖事가 다 무엇이겠는가.

11

《고백록》의 전 과정을 다 거쳐가면 최후에는 '신에 대한 사랑과 찬미'가 정신과 육신을 뒤덮는다. 그러나 이 책은 예언처럼, 마지막에는 그렇게 되리라는 것을 처음부터 다짐해두듯이 첫 문장에서 선언한다: "Magnus es, domine, et laudabilis valde"(1,1,1). 책을 펼쳐 든 이는 아우구스티누스 시대의 독자들의 관습처럼 첫 문장을 소리내어 읽는다. "마그누스 에스, 도미네, 에트 라우다빌리스 발데"——"위대하시도다 당신은, 주여, 그리고 찬양 받으실 만합니다 크게". 주를 먼저 부르지 않고 '위대하다'는 말부터 내놓았다. 찬미는 이렇게 한다. 참으로 위대한 존재 앞에 서면 '위대하다'는 말부터 나올 수밖에 없다. '위대하다'는 감탄이 입에서 튀어나왔는데, 정신을 차리고 보니 그 대상이 '주'인 것이다. 그러하니 '주님, 당신은 위대하십니다'가 아니라 "위대하시도다, 당신은, 주여"인 것이다. 이렇게 찬탄을 쏟아 놓고 나서 퍼뜩 정신이 들어 내가 할 일을 덧붙여 놓는다. "찬양 받으실 만합니다", 이것만으로는 뭔가 덜 말한 듯하니 "크게"를 이어 붙인 것이다. 이 문장 말고 다른 무엇을 말할 수 있겠는가. 내가 세상살이 덧없게 여기고 만사가 귀찮아 뒤적뒤적하고 있는데 덜컥 내게 들어와서, 그것도 깊숙히 들어와서 나를 완전히 뒤집어버리고, 이제는 뚜렷하게 앞길을 열게 하는 의미의 중심을 내 안에, 내 영혼의 저 깊은 아래에 단단하게 놓아버린 신에 대해 이것 말고는 할 말이 아무것도 없지 않겠는가. 그러니 이어지는 문장은 군더더기 설명일 뿐이다. "당신은 우리 인간의 마음을 움직여 당신을 찬양하고 즐기게 하십니다. 당신은 우리를 당신을 향해서(ad te) 살도록 창조하셨으므로 우리 마음이 당신 안에서(in te) 안식할 때까지는 편안하지 않습니다"(1,1,1). 이로써 《고백록》이 하고자 하는 바는, 우리에게 전해주고자 하는 이야기는, 다 되었다. 이제부터 나오는 모든 이야기는 보충일 뿐이다.

12

우리는 본래 신 안에 있었다. 우리는 그것을 깨닫지 못하고 있었다. 깨닫지 못하고 있었으니 제멋대로 살았다. 제멋대로 사는 것은 신을 떠난(abs te) 것이다. 우리는 떠났다는 것조차 깨닫지 못하였으나 신의 눈으로 보기에는 떠난 것이다. 우리는 세상에서 활개치며 살았다. 밝고 즐거운 날도 있었고 우울하고 병든 날도 있었다. 밝고 즐겁건, 우울하고 병들었건, 떠남(aversio)은 악惡이다. 본래 신 안에 있었음을 깨닫지 못하면 악은 악이 아니다. 깨달음의 순간에 그것이 악임을 알게 되면, 이제 악을 떠나는 일과 신으로 향하는(ad te) 일이 동시에 일어난다. 신을 향하겠다고 마음먹었다고 해서 돌아옴(conversio)이 단박에 일어나지는 않는다. 자신의 몸에 붙어 있는 세상의 욕망을 두고 고민하기도 하고, 지적인 전환이 일어나기도 하다가, 결단하는 의지의 회심이 생겨난 다음에야 비로소 '개종'이라는 최후의 회심이 가능한 것이요, 이때 우리는 신 안에 있음을 자각적으로 알게 된다. 'in te'에서 'in te'로. 시작과 끝은 같다. 그러나 시작과 끝은 다르다. 정신의 자각, 회심을 한가운데 두고 그 둘은 질적인 차이를 가지게 된다. 바깥 세상은 어찌 되든 우리의 마음이 변함으로써 모든 것이 달라졌다.

XII

13

아우구스티누스의 회심—이것은 그가 기독교라는 믿음 체계를 완전히 받아들였다는 점에서는 개종이지만, 개종 이전의 삶이 기독교와 완전히 동떨어진 것은 아니었다는 측면에서 보면 점진적 회심이라 하는 것이 적절할 것이다. 그에게는 초기 기독교에서 나타나는 특징 중의 하나인 열성적 여성 신도로서 어머니 모니카가 늘 곁에 있었고, 점차로 자신을 둘러싼 사람들이 기독교도들로 채워졌으며, 그것의 귀결이 개종이었다. 이후의 기쁨이 얼마나 대단한 것이었는지를 절감하려면 그 이전에 그가 얼마나 열심히 뭔가를 찾았는지를 보아야만 한다. 《고백록》 2~5권은 그의 탐색의 기록이다. 회심이 결정적 계기이려면, 회심 이전은 고통스러운 것이어야만 한다. 나중에 돌아보면 안심安心을 만들어내기 위한 것들이었다고 정당화할 수 있겠지만 고통을 겪는 순간에는 나중에 그런 날이 오리라는 것을 장담할 수 없었을 것이다.

장담할 수 있는 이는 신뿐이다. 신은 인간의 거대 서사가 극한으로 투사된 존재이다. 회심 이후의 아우구스티누스는 이러한 신의 입장에 올라서서 자신에 대해 말한다. 아우구스티누스가 회심 이전의 아우구스티누스를 말하고 있다 해도 그것은 회심 이후에 말하는 것이므로, 아무것도 모른 채 앞으로 나아가고 있는 아우구스티누스는 아니다. 그것은 '그때의 기록'이 아니라 '그때를 해석한 기록'일 뿐이다. 이 해석은 신의 섭리를 전제함으로써 성립한다. 신이 미리 내다보는 것을 상정하지 않으면 해석은 헛된 망상일 뿐이다. 아무리 그렇다 해도 아우구스티누스의 회심 이전은, 오늘날의 우리도 충분히 겪을 만한, 믿을 만한 삶의 근거를 찾으려는 시도들의 과정이다. 그것은 담담하게 보면 지적 과정이지만, 회심 이후의 아우구스티누스의 눈에는 고난이다.

14

《고백록》 2권을 읽는다. 그는 열여섯 살 청년이다. 신에게서 떠난 상태이다. 1권 유아기가 의식 없이 떠난 상태라면, 이제는 자기 의지가 그를 움직여간다. "나는 오직 한 분(一者)이신 당신을 떠나 잡다雜多한 세계로 떨어져서 산산조각이 나 흩어져버렸으니 이제 나를 거두어 모아주소서"(2,1,1). 그는 "한 분"을 떠났다. 그는 "잡다"로 향하였다. 일一을 떠나 다多로 향하게 한 힘은 그의 의지, 그의 말에 따르면 사랑이다. 세상 모든 것을 움직이는 것은 이 사랑이다. 아우구스티누스는 그렇다고 말한다. "사랑을 주고 사랑을 받는 것(amare et amari)보다 더 좋은 것이 어디에 있었겠습니까?"(2,2,2). 누군가를, 무엇인가를 사랑하는 것은 누구나 하려는 것. 이보다 더한 것은 사랑 자체를 사랑하는 것이다. 그는 카르타고에 가서도 사랑을 찾았다. "나는 사랑하기를 사랑하고 (…) 사랑의 대상을 찾아 헤매었습니다"(3,1,1). 그의 삶은 사랑이 이끌어간다. 시작도 끝도 사랑이다. "나의 무게는 나의 사랑입니다(pondus meum amor meus). 내가 어떤 방향으로 움직이든지 간에 나는 사랑이 이끄는 대로 움직이게 됩니다"(13,9,10). 사랑은 그가 가진 힘이다. 이 힘을 어디로 향하게 하느냐에 따라 그 사랑'들'은 각기 다른 사랑이 된다. 회심에 이르는 과정은 그를 움직이는 힘인 사랑이 향하는 대상을 바꾸는 과정이기도 하다. 신에 대한 사랑, 신을 사랑한다는 것, 신의 사랑을 깨닫고 그 안에서 안심을 얻고 그런 다음 신이 만물을 사랑하는 방식을 본받아 만물을 사랑하는 것이 회심인 것이다. 이 과정의 시작은 사랑하고 사랑받는 것이 좋다는 생각이다. 아직은 무엇을 사랑해야 할지 모르는 상태, 아무것이나 마구 사랑하는 상태이다. 닥치는 대로 사랑한다. 좋아 보이는 것이면 그저 사랑한다. "진흙 투성이 육체의 정욕(concupiscentia carnis)과 사춘기의 열정적인 상상력이 안개같이 일어나 나의 마음을 흐리게 했고 어둡게 했기 때문에 나는 무엇이 순수한 사랑(serenitas dilectionis)이고 무엇이 추잡한 정욕(caligine libinis)인지 분간할 수 없었습니다"(2,2,2).

사랑(amor)은 인간을 움직이는 힘이다. 인간은 육신(corpus)과 영혼(anima)으로 이루어진 존재이다. 둘 중 어느 하나도 버릴 수 없다. 사랑은 둘 다에 걸쳐 있다. 그것은 애욕이지만 인간에 대한 신의 사랑이기도 하고, 신을 향한 인간의 사랑이기도 하다. 어떤 계기를 만나는가, 어떤 일을 겪느냐에 따라 사랑은 다른 사랑이 될 것이다. 인간의 육신에만 붙어 있느냐, 영혼에만 붙어 있느냐에 따라 다른 사랑이 된다. 육체에만 붙어 있으면 "육체의 정욕", "추잡한 정욕"일 것이고 분별을 가지게 되면 "순수한 사랑"이 될 것이다. 아우구스티누스의 청년기는 "육체의 정욕"이라는 사랑이 밀고 가는 시기이다. 그리하여 그는 신을 떠나게 되었고, 신이 그를 방치해두었다고 느끼게 되었다. "그때 맹렬한 정욕이 나를 가장 강하게 지배하고 있어서 나는 당신의 법을 떠나 부끄러운 줄도 모르고 나 자신을 그 지배에 맡겨버렸던 것입니다"(2,2,4). 육신의 정욕이 나를 지배하는 상태, 나의 영혼이 힘을 잃어버린 상태가 바로 신을 떠난 상태이다. "이처럼 영혼이 당신을 떠나 돌아서서(abs te) 당신 밖에서(extra te) 순수하고 깨끗한 것을 찾으려 할 때 곧 외도를 하는 것이 됩니다. 그러나 그 영혼이 당신께로 다시 돌아가기까지는 그것을 찾을 수가 없습니다"(2,6,14). 내가 아무리 깨끗한 것을 찾는다 해도 신을 떠나서(extra te), 신을 등지고(abs te)

찾아낸 것이라면 그것은 깨끗한 것이 아니다. 신 안에서 의미를 부여받지 않는 것은 "추잡한 정욕"의 대상에 지나지 않는다.

기독교도가 아닌 이들은 신 안에서(in te) 의미를 찾지 않는다. 신을 떠나서 살아가는 이들이기 때문이다. 기독교도가 아닌 이들은 자신의 기준에 따라, 또는 사회적 통념과 도덕 기준에 따라 순수하고 깨끗한 것을 찾으며 살면 된다. 기독교도만이 신 안에서 순수하고 깨끗한 것을 찾으며 사는 것이다. 어느 것이 더 훌륭한 삶인지는 알 수 없다. 아우구스티누스는 기독교도가 아닌 삶을 겪은 다음, 기독교도의 삶을 결단하였다. 정욕에 가득 찬 그의 삶은 《고백록》 3권에서 절정에 이른다. "나는 드디어 카르타고Carthago로 왔습니다"(Veni Carthaginem)(3,1,1). 그가 카르타고에서 겪은 정욕은 육신의 것만이 아니다. 신 안에 들어서지 않은 이들이 거쳐가는 모든 것들이 여기서 전형적인 형태로 제시된다. "나는 사랑하기를 사랑하고 올가미가 없는 평탄한 길과 안전한 길을 미워하면서 사랑의 대상을 찾아 헤매었습니다"(3,1,1). "사랑의 대상"은 육신을 충족시키는 것만이 아니다. "세상에 있는 모든 것,

곧 육체의 쾌락과 눈의 쾌락을 좇는 것이나 재산을 가지고 자랑하는 것은 아버지께로부터 나온 것이 아니고 세상에서 나온 것입니다"(요한 I서, 2:16). 아우구스티누스가 좇은 "사랑의 대상"은 "세상에서 나온 것"이다. 그것은 '육신의 정욕'(《고백록》, 3권 1장), '안목의 정욕'(《고백록》, 3권 2장), '현실 세계의 자랑'(《고백록》, 3권 3장)이다.

15

아우구스티누스는 카르타고에서 키케로의 《호르텐시우스》Hortensius를 읽는다(《고백록》, 3권 4장). 이 책은 지혜를 사랑하고 추구하라는 권유를 담고 있다. 아우구스티누스는 지적 호기심에서 그 책을 읽었을 것이다. 철학 공부 하는 게 왜 나쁜가? 우리는 철학 공부를 고귀한 것으로서 권유하고 있지 않은가. 신을 떠난 상태에서, 신 밖에서 읽으면 안 된다는 것이다. 나중에 신 안에 들어온 상태에서 돌이켜보면 그것은 지적 허영이었던 것이다. 아우구스티누스는 "땅에 속한 것에서부터 당신에게로 나아가고자"(3,4,8) 하는 열망에 가득 차 《호르텐시우스》를 읽었다. "나는 그때 이 사도[바울로]가 하신 말씀을 모르고 있었습니다. 그래서 나는 다만 키케로가 말하는 그 권유를 좋아한 나머지 그 책의 가르침을 따라 이 학파 저 학파를 초월하여 지혜 자체를 사랑하고, 탐구하고, 소유하고, 포용하고자 일어섰고 불타 있었습니다"(3,4,8). 그는 육신, 안목, 현실 세계에의 탐닉을 벗어났다. 지혜에 대한 사랑으로, 사랑의 대상이 바뀌었다. 그러나 그는 "당신의 이름이 없는 이상 내 마음을 완전히 사로잡을 수는 없었습니다"(3,4,8)라고 반성한다. 그리하여 그는 "성서로 마음을 돌려 그것이 어떠한가 알아보기로"(3,5,9) 한다. 성서를 읽기는 하되, 믿음을 가지고 신 안에서 읽는 것이 아니다. 그 책은 어떠한가 알아보기만 할 뿐이다. 바울로에게 앎을 물었던 아테나이의 철학자들과 같은 심정에서이다. 아직 성서는 그에게 사랑의 대상이 아니다. 그는 곧바로 성서를 떠난다. 그의 사랑은 마니주의를 향한다. "그들이 나를 위해 준비한 식탁에는 찬란한 환상들이 올려져 있었습니다. (…) 그러나 나는 그때 그것들이 당신인 줄 알았기에 받아먹고 있었습니다"(3,6,10).

회심 이후에 이 모든 과정을 고백하는 아우구스티누스는 철학적 지혜를 추구하던 자신이 얼마나 얕은 차원에 있었는지를 반성한다. 자신이 추구하던 사랑의 대상들이 얼마나 덧없는 것인지를 신에게 고백한다. "인간이 생명의 원천이시며 참으로 유일하신 우주의 창조자와 통치자이신 당신을 버리게 될 때 이런 일들을 하게 됩니다. 또한 사람이 스스로의 교만으로 인해 부분을 전체인 양 헛되이 사랑할 때 이런 일을 하게 됩니다"(3,8,16). 육신의 정욕, 안목의 정욕, 현실 세계의 자랑, 키케로를 읽음, 마니주의에 빠짐, 이것들은 신을 떠난 자가 저지르는 교만이다. 교만을 벗어나야만 신이 참으로 내 안 깊은 곳에, 저 높은 곳에 있음을 깨달을 수 있다. "당신은 내 자신의 깊은 내면보다 더 깊은 내면에 계시며 내가 높이 도달할 수 있는 그 높이보다 더 높이 계셨습니다"(3,6,11). 3권에서 이러한 고백을 하고 있지만, 아직은 이것의 의미를 명료하게 깨닫지는 못하였다. 우리는 "기억의 신비"를 음미하는 10권에서 이 말의 참뜻을 되새겨볼 것이다.

16

마니교는 여전히 아우구스티누스를 사로잡고 있다. 9년 동안 믿었다. 수사학을 가르치는 교사 생활을 한다. 점성술에도 빠져든다. 친구와 사별하기도 한다. 고향으로 돌아간다. 20세에는 아리스토텔레스의 《십 범주》(Decem Praedicamenta)를 읽는다. "나는 그 당시에 학예學藝라고 부르는 방면에 관한 여러 가지 책을 구입하여 모조리 읽고 홀로 이해할 수 있었습니다"(고백록, 4, 16, 30). 이러면 된 것 아닌가. 당대의 학예에 통달하였으면 최고의 지식인 아닌가. "그러나"(4, 16, 30) 그는 곧바로 이것을 무의미한 것이라 고백한다. "나는 사실 사욕의 노예가 되어 있었으니 그렇듯 내가 책을 읽었다고 할지라도 그것이 나에게 무슨 도움이 되었겠습니까?"(4, 16, 30). 도대체 왜 그러한가? 그것들은 그에게 근원을 알지 못한 채 주어진 지식들일 뿐이었다. "나는 그 책들을 흥미있게 읽었습니다만 그 책 속에 있는 참되고 확실성 있는 것이 어디로부터 오는지를 전혀 알지 못하고 있었습니다. 나는 빛에게 등을 돌리고 있었으므로 내 얼굴은 그 빛이 비추는 것들만 보게 되었습니다. 따라서 비추는 것들만 보고 있던 내 얼굴은 빛을 받지 못하고 있었습니다"(4, 16, 30). 무엇이 잘못된 것인지가 뚜렷해졌다. 지식을 쌓아 올리는 것이 잘못된 것이 아니다. 어떤 지식을 쌓아 올려야 하는지를 모르고 있었던 것이다. 그가 쌓아 올렸던 것들은 신에게서 기인한 것이 아니었다. 신이 의미를 부여한 것이 아니었다. "당신 밖에(extra te), 나 자신 밖에(extra se) 있는 아름다운 것들을 추구한다 할지라도 그러합니다. 왜냐하면 당신으로부터 오지 않는 아름다운 것이란 존재할 수도 없기 때문입니다"(4, 16, 15). 신에게 기인하지 않는 것은 신 바깥에 있는, 신의 의미부여를 벗어난 것이고, 바로 그러한 까닭에 내게서도 벗어난, 나에게 낯선 것이다. 내가 그 의미를 알 수 없으니 낯선 것이다. 내가 대상의 의미를 부여할 수 없다면, 나는 나 자신의 의미도 부여할 수 없게 될 것이다─나 스스로에게 낯선 나. 이것을 치유하는 방법은 하나, 신에게 돌아가는 것이다. 나 자신이 나에게 낯설 정도의 상황에 이르렀으니 이제 신을 향할 때가 되었다. "우리로 하여금 당신에게 돌아감으로써 다시는 파멸에 이르지 않도록 해주소서. 당신은 선 자체이시므로 우리의 선은 당신 안에서만 위험 없이 거할 수 있습니다. 우리가 돌아갈 집을 찾지 못할 것이라고 두려워할 필요가 없으니, 우리는 다 스스로 그 집에서 떨어져 나온 자들이기 때문입니다. 우리 집은 우리가 거기 거하지 않아도 허물어지지 않사오니 그 집은 당신의 영원한 집이기 때문입니다"(4, 16, 31). 신에게 돌아가는 것은 지식을 새롭게 쌓는 것도, 전혀 다른 종류의 지식을 추구하기 위함도 아니다. 그것은 "선 자체"인 신에게 의거하기 위함이다. 이제는 지식이 문제가 아니라 착함이 문제다. 앎은 전혀 중요하지 않게 된다. 그가 지금까지 쌓아 올린 앎들은 착함 속에서 새로운 역할을 찾아야 할 것이다. 착함은 우리가 본래 있던 곳이다. "우리는 다 스스로 그 집에서 떨어져 나온 자들"이다. 그러니 다시 가면 된다, 그곳으로. 당신이 있는 곳, 우리가 본래 있던 곳으로 되돌아가는 것이다.

17

《고백록》 5권부터 아우구스티누스는 신으로 향하는 여정을 기록한다. 그는 먼저 마니교를 떠나기로 결심하고, 암브로시우스 감독의 설교와 성서 해석의 도움을 받아 기독교회의 예비 신자가 되는 길을 차곡차곡 밟는다. 지적인 여정만이 아니다. 어머니 모니카와의 애착이 강력해지고 동거인과 결별하며 세속의 명예와 여자 문제를 정리한다(제6권). 회심을 향한 정서적 겪음을 거치면서 아우구스티누스는 결정적인 지적 회심에 들어서서 신플라톤주의의 텍스트들을 읽고 드디어 바울로의 서신들을 읽는다(제7권). 그러던 중 그에게 "확신의 빛"(8,12,29)이 들어와 의심을 거두어내며, 세례를 받는다(제9권).

18

세례에 이르는 모든 과정은 무엇보다도 아우구스티누스가 당대 세계에서 경험할 수 있었던 지적인 탐구 전부를 보여준다. 그것들은 그가 사랑한 대상들이었다. 육신에 대한 사랑에서 시작하여 신플라톤주의의 통찰과 직관에 대한 사랑에 이르기까지가 망라되어 있다. 우리는 어떤 단계도 소홀히 해서는 안 된다. 그것들 모두가 그의 회심(과 개종)에서, 반드시 겪었어야 하는 필연적 계기임을 인정해야만 한다. 세례를 받은 후 그는 그러한 앎만이 아니라 회심 이전에 겪었던 정서적 경험들까지도 포함한 자신의 삶 전체가 신 안에 있던 것임을 깨닫는다. 이전에는 그것을 자각하지 못하였는데 이제는 알게 되었다는 것이다. 이로써 그는 삶 전체를 신의 입장에서 관상觀想하게 된다. 다시 말해서 자신의 기억 안에 들어와 있는 사태를 재배열하게 된다.

내가 기억하는 것은, 그것이 외부에 있던 것이라 해도 나의 기억이 된 다음에는 '나의 것'이다. 모든 것은 관념이 되어 내 기억 속에 들어와 있다. 무작위로 들어와

제멋대로 쌓여 있는 것들이 사실은 내가 만들어낸 틀 안에 정리되어 있다. 아우구스티누스가 자신의 삶에서 겪은 모든 것들은, 그에 따르면 신이 마련한 것이다. 신이 마련한 길에 따라 겪었던 일들이므로 그 모든 것에는 신이 함께 하였다. 그 모든 일에 대한 기억은 그 일들에 함께 하였던 신에 대한 기억이기도 하다. 그러면 신은 어디에 있는가? 그의 기억 속에 있다. 《고백록》 3권에서 그는 말하였다. 신이 어디에 있는지 말하였다. "당신은 내 자신의 깊은 내면보다 더 깊은 내면에 계시며 내가 높이 도달할 수 있는 그 높이보다 더 높이 계셨습니다"(3,6,11). 신은 어디에 있는가? 깊고도 깊은 나의 내면에 있다. 그러면서도 신은 높고도 높은 곳에 있다. 신이 높고도 높은 곳에만 있다면 나는 신을 만날 수 없다. 그 신은 나와 떨어져 멀리 있는 신이다. 신이 내 안에 있다면 나는 신을 만나기 위해 내 안을 탐색한다. 내 안에서, 내 기억 속에서 신을 찾는다. 아우구스티누스는 신을 떠나 세상으로 나갔다가, 세상의 온갖 것을 겪은 다음에 자신 안으로, 자기의 기억으로 되돌아와서 바로 거기에서 신을 만났다—자기내귀환.

내 안에 있으니, 그대가 내 안에 있으니, 내 기억 속에 있으니 이는 더할 나위 없이 확실하다. "주여, 내가 당신을 사랑함은 어떤 모호한 느낌에서가 아니고 확실한 의식을 가지고 하는 것입니다"(10,6,8). "non dubita sed certa conscientia, domine, amo te"——"의심이 아닌 확실한 의식으로, 주여, 내가 당신을 사랑합니다." 나의 의식에 신이 자리를 잡은 것이다. 그러한 의식으로 신을 사랑한다. 사랑의 대상이, 그 많은 외부의 것들을 거쳐 신으로, 내 기억 안에 자리잡은 신으로 옮겨온 것이다. 그러면 내가 신을 사랑한다고 하면 무엇을 사랑하는가? 그는 묻는다. "내가 당신을 사랑한다 할 때 무엇을 사랑하는 것입니까?"(10,6,8). "quid autem amo, cum te amo?"——"무엇을 도대체 내가 사랑합니까 당신을 내가 사랑할 때". "그것은 물체의 아름다움도 아니요, 시절(때)의 아름다움도 아니며, 우리의 눈을 즐겁게 하는 찬란한 빛도 아니요, 여러 가지 노래의 아름다운 소리도 아니며, 꽃과 기름과 향료가 풍기는 향기도 아니요, 만나와 꿀도 아니며, 사랑으로 포옹할 때 흐뭇하게 느껴지는 손발도 아닙니다. (…) 당신은 내 안에서 영혼에게 어떤 공간에 의해 제한받지 않는 빛을 비추시고, 시간이 나에게서 빼앗아가지 못하는 소리를 발하시며, 바람이 불어 흩어버리지 못하는 향기를 풍기시고, 먹어도 없어지지 않는 음식을 공급하시며, 충족해도 떨어지지 않는 포옹을 해주십니다"(10,6,8). 이것들이다. 신을 사랑한다고 할 때 사랑하는 것은 이것들이다. 아름다움도 빛도 향기도 음식도 손발도, 같은 것이라 해도 신 안에서는 다른 것들이 된다. 다른 의미를 가진 것이 된다. 이렇게 다른 의미를 갖게 하는 신에 대해서 자연에게 세상에게 묻는다. "나는 땅에게 물어보았습니다. (…) 나는 바다와 심연과 그 안에서 기어 다니는 생물들에게 물어보았습니다. (…) 나는 지나가는 바람에게 물어보았습니다. (…) 나는 하늘과 해와 달과 별들에게 물어보았습니다"(10,6,9). 땅·바다·심연·생물·바람·해·달·별은 세계이다. 그런데 세계에 물어서는 신에 대해서 알 수가 없다. 누구에게 물어야 하는가? 내가 사랑하는 신이 누구인지를 누구에게 물어야 알 수 있단 말인가? 내 기억 안에 신이 있으니 나에게 묻는 게 당연하다. "이제 나는 주의를 나 자신에게 돌려 나에게 '네가 누구냐?'고 물어보았습니다. 나는 '사람이다'라고 대답했습니다. 생각해볼 때 나에게는 육체와 영혼이 있습니다. 전자는 밖에 있고 후자는 안에 있습니다"(10,6,9). "direxi me ad me"——"나는 나를 나에게로 돌렸다". 나에게 묻는다. 나의 어디에 물어야 하는가. 나의 어디에 물어야 하는지를 알아야 하겠기에 내가 어떤 존재인지부터 탐구한다. 나는 "사람"(homo)이다. 사람은 "육체와 영혼"(corpus et anima)으로 되어 있다. 육체는 밖에 있다. 육체는 바깥 세계와 사람을 연결하는 고리이다. 육체는 영혼과 분리되어 있지 않다. 육체를 통해서 바깥 세상은 영혼과 연결된다. 인간은 바깥 세계에 속하면서도 신이 거주하는 영혼도 가지는 존재이다. 인간은 바깥 세계를 사랑할 수도 있고, 몸을 사랑할 수도 있고, 영혼을 사랑할 수도 있다. 아우구스티누스가 기억, 영혼 속에 가지고 있는 것은 자신의 삶의 겪음 전체인데, 이 영혼은 육체를 벗어나 고립된 것이 아니라 육체와 긴밀하게 연결된 것이다. 기억 속에는 바깥 세상에 대한 사랑, 육체에 대한 사랑, 영혼에 대한 사랑 모두가 들어 있다. 우리는 영혼만을 남겨두고 바깥 세상과 육체를 버려서는 안 된다. 그것은 애초에 가능하지도 않다.

아우구스티누스는 물었다. "내가 당신을 사랑한다 할 때, 무엇을 사랑하는 것입니까?"(10,6,8). 이 물음에 답한 다음 다시 또 묻는다. "내가 신을 사랑한다 할 때 무엇을 사랑하는 것입니까?"(10,7,11). "quid ergo amo, cum deum amo"—"나는 무엇을 사랑합니까, 내가 신을 사랑할 때". 이제 "당신"을 사랑하는 것이 아니라 "신"을 사랑한다고 말한다. 내가 사랑하는 신은 내 안 깊숙한 곳에 있지만, 저 높은 곳에 있기도 하다. 신을 찾아서 바깥으로 나갔다가, 세상의 모든 겪음을 기억 속에 담아 자기로 돌아왔다. 영혼 속에서 신을 찾았다. 그러나 신은 저 위에 계신다. 이제 신을 찾아서 위로 올라가야만 한다. 영혼을 거쳐서, 나의 내면을 거쳐서 신에게 간다. "내 영혼의 첨단 위에 계신 분은 누구이십니까? 내가 그분에게 오르려고 하면 바로 이 영혼을 통해 가야만 합니다"(10,7,11). 내 깊숙한 곳으로 내려가면 영혼이 있다. 바깥 세상에서 육체를 거쳐서 이른 곳이다. 그곳에 가야만 비로소 저 높은 곳에 있는 신에게 오를 수 있다—밖에서 안으로, 안에서 위로.

아우구스티누스는 신을 떠나 아예 저 세상으로 갔었

다. 정욕의 수많은 대상을 거쳤다. 지적인 대상들을 영혼으로써 사랑하였다. 그러다가 "주의를 나 자신에게 돌려" 나에게 물어보았다. '나 자신으로 돌아와'(reditio in se ipsum). 이렇게 나 자신에게 돌아와야만, 저 세상이 무의미함을 깨달아야만 신에게 오를 수 있다. "나는 본래 나에게 주어진 이 힘을 초월하여 단계를 밟아 나를 만드신 그분에게로 오르려고 합니다. 그러자 나는 기억이라고 하는 평야와 넓은 궁전에 오게 된 것입니다"(10,8,12). 나는 아우구스티누스를 닮을 수 있다. 바깥으로 향하였던 시선을 자기에게 돌려서 내면으로 깊숙하게 파고들어가 밑바닥으로 내려가면, 이 세계가 항상 그러하였음을 관상하게 될 것이요, 그것은 신으로 올라가는 첫째 단계임을 알게 된다. 거기에서 나는 나 자신마저 버릴 수도 있고, 나에게 가장 소중한 사람을 떠올릴 수도 있고, 가지고 싶은 것 단 하나를 다시 잡을 수도 있다. 그것들 모두가 신이다. 나의 내면에 숨어 있던 신이다. "내가 당신을 알기 위해서는 어디서 당신을 찾아뵈어야 합니까? 내가 당신을 알게 되기 이전에는 당신은 내 기억 안에 계시지 않으셨습니다. 그러면 내가 당신을 어디에서 찾아 만나

당신을 알 수 있게 되겠습니까? 내 위에 계시는 당신 안에서만 당신을 찾을 수밖에 없습니다"(10,26,37). 참다운 진리는 이런 것이다. 나는 진리를 만나야만 행복에, 안심에 이를 수 있다. "내 위에 계시는 당신 안에서(supra me in te)"──이렇게 말하면 지적 오만을 벗어버릴 수 있다. 신은 저 위에 있다. 진리는 그렇게 높은 곳에 있다. 그러나 그곳에 가려면 "내 자신의 깊은 내면보다 더 깊은 내면"(3,6,11)으로 내려가야만 한다. 겸손해져야만 한다. 그대 앞에서 무릎을 꿇어야만 한다. 오르게 해달라고 간청하려면.

19

불교에는 부정관不淨觀이라는 수행법이 있다. 정결하지 못한 것을 보는 것이다. 특히 몸의 더러움을 보는 것이다. 인간은 육신을 아낀다. 육신의 아름다움을 자랑하기도 한다. 몸에 온갖 것을 바른다. 향유를 바른다. 몸에 걸치는 옷에 갖은 정성을 기울인다. 몸으로써 성취한 것에 여러 의미를 부여한다. 육신에서 파생되어 나온 것들의 목록은 끝이 없다. 모든 것이, 말 그대로 하나도 남김없이 모든 사물이 우주의 덧없는 티끌이니 인간의 육신은 내다버려도 전혀 아깝지 않은 것인데, 왜 이리 그것에 집착하고 그것을 떠나지 못하는가—부정관은 여기서 시작한다. 육체를 떠나야 한다. 육체에 대해 몰입하는 마음을 버려야 한다. 박상륭은 《죽음의 한 연구》에서 이렇게 쓴다: "해골을 볼 일이다. 그리고 살에 관해 험담하기나 찬양하기나, 그것이 어떤 의미를 지녔는지, 그래서 해골을 볼 일이다." 불교 수행자들은 해골을 본다. 그것을 보면서 살의 의미를 관상한다. 험담도 찬양도 다 덧없다는 것을 알아차린다. 해골이라는 물체에서 덧없음이라는 생각으로 진전한다. 그리고 나서 그 깨달음도 내 몸뚱아리라는 더러운 것 안에서 생겨난 것이라는 내 생각까지도 버린다. 일체를 폐기한다. 불교 수행자들은 육체를 폐기하고, 육체에 깃든 생각을 폐기하고, 생각을 폐기했다는 것마저도 폐기하고, 저절로 멍한 상태로 들어간다. 이것은 아무 생각이 없는 상태이다. 무념무상無念無想이다. 아무 생각 없이 가만히 있을 수 있는가. 한번 해보라. 온갖 잡념雜念이 머리 속에 쏟아져 들어오고 무럭무럭 솟아난다. 몸이 있으니 생각이 있다. 몸을 버리면 생각이 없어질 것이다. 몸을 버리지 않은 채 생각을 끊을 수는 없다. 몸을 버리는 것은, 소중한 몸뚱아리를 버리는 것이 아니라 몸을 비롯한 일체의 사물에 그 어떤 의미도 부여하지 않는 것이다. 몸을 버림으로써, 생명체를 끊어냄으로써 수월하게 무념무상의 경지로, 우주의 참다운 근원으로 들어설 수 있고 되돌아갈 수 있다.

20

아우구스티누스는 인간이 영혼과 육체로 되어 있다고 말한다. 그는 육체를 버리지 않는다. 자신이 신 안에 있음을 알지 못하였을 때 그는 자신의 육체로써 세상을 살아갔다. 그가 끝내 자신이 신 안에 있음을 알지 못하였다면, 그는 육체로써 성취한 것들을 찬양하였을 것이다. 그러나 그는 자신이 신 안에 있음을 깨닫고 신 안으로 되돌아간 다음에도 육체를 버리지 않는다. 이제 그 육체는, 그 물체는, 육체와 맞닿은 세계는, 전혀 다른 의미를 부여받는다. 이전의 의미 체계에서 기독교의 의미 체계로 옮겨진 육체. 그 육체는 외형은 그대로이나 내용은 전혀 다른 것으로 거듭난다.

아우구스티누스가 겪은 세상은, 겪을 당시에는 환희에 가득 찬 것이었다. 고통스러운 곳이기도 하였다. 더러운 것이기도 하였다. 사랑하는 이들의 배신과 죽음이 벌어진 곳이기도 하였다. 정결하지 못한 세상, 이것을 신이 전혀 다른 곳으로 만들어주었다. 그러니 이제 그의 육신과 영혼은 더럽지 않다. 신이 깨끗하게 해주었다. 불교 수행자들과는 다르다. 불교 수행자들에게는 세상이 더럽다. 알기 전에는 더럽지 않았다. 안 다음에는 더럽다. 계속 더럽다. 누가 뭐라 해도, 누가 어떤 의미를 부여해도 더럽다. 깨끗해지지 않는다. 어떻게든 깨끗하게 해보려 하는 것은 집執하는 것이다. 실체 아닌 것에 휘둘리는 망忘이다. 세상은, 겪은 뒤 끊으나 겪지 않고 끊으나 선후先後의 차이만 있을 뿐, 마침내는 끊어야 할 것이다. 끊으면 된다. 깔끔하다. '신이 있다'는 것은 아우구스티누스에게 버릴 수 없는 출발점이다. 이로써 세계는 신이 창조한 것이요, 끊을 수 없는 것이 된다.

중세 기독교 세계는 세속의 권력자와 가톨릭의 지배자가 통치한 세계였다. 세속의 권력자들은 아무리 강한 무력을 가지고 있었다 해도 교황과 그의 조직을 이겨낼 수 없었다. 그런 까닭에 우리는 중세의 레짐regime을 거침없이 '기독교 공화국'(respublica christiana)이라 부를 수 있다. 레짐을 세우는 기초, 체제에 의미를 부여하는 제일원리가 신의 세계창조이다. '신이 있다'가 전제되지 않으면 이 레짐은 무너진다. '신이 있는지 없는지 알 수 없다'거나 '신이 무슨 소용인가'가 제일원리로 받아들여지면, 그 세계는 세속 도시이다. 세속 도시는, 서구의 근대에 성립하기 시작한, 물론 아주 오랜 세월에 걸쳐 그것이 이룩되기는 하였으나 신이 없는 도시이다. 세속 도시는, 신이 없으므로 신이 아닌 다른 제일원리를 찾아야만 한다. 여기에는 인간 사이의 규약이 주어진다. 계시가 주어지듯 규약이 주어진다. 그것은 '유사-신'이다. 신 닮은 것이다. 서구 근대 초기의 정치사상들은 중세를 완전히 벗어나지 못하였다. 그것들은 인간과 인간의 계약(contract) 위에 세계를 구축하지 못하였다. 아니 그럴 만한 자신이 없었다. 그리하여 그것들은 계약 이전의 것을 발명해낸다—신약信約(covenant). 신약이 있고 계약이 있다. 앞의 것이 없으면 뒤의 것은 아예 성립할 수 없다. 신약은 '유사-계시', '계시 닮은 것'이다. 신약은 국가를 원천적으로 정당화한다. 그렇다 해도 근대국가는 신약을 버리고 홀로 서는 기나긴 길을 떠난다.

21

절대주권의 국가를 신약으로써 정당화한 홉스와 동시대인인 데카르트는, 책을 버리고 30년전쟁에 참전하여 세상을 겪었으면서도, 그 모든 겪음을 버리고 난롯가에 앉는다. '세상을 겪지 않은 나'가 되고자 한다. 그는 가톨릭 교도이지만 아우구스티누스와는 아주 멀리, 시대적으로나 사상적으로나 떨어져 있다. 아우구스티누스는 고백하였다: "내가 당신을 알게 되기 이전에는 당신은 내 기억 안에 계시지 않으셨습니다"(고백록, 10,26,37). 얼핏, 우리는 이 구절을, 아우구스티누스가 신을 알았을 때에야 비로소 신의 존재가 의미 있게 된다는 것으로 이해한다. 그렇지 않다. 아우구스티누스에서는, 그가 신을 알게 되기 전에도 신은 있다. 있기는 하나, "기억 안에 계시지 않"았을 뿐이다. 데카르트는 이렇지 않다. 자신이 신을 생각할 때에야 신이 의미 있는 존재이다. 신이 주어져 있지 않다. 미리 있지 않다. 세상의 모든 경험을 끊고 자기 안으로 들어가서 자기에 대해 열심히 찾아보고 궁리하고 성찰하여 자신의 유한함을 철저히 자각한 다음에, 바로 그때에 신이 있음을 말한다. 그는 신이 있지 않다고 해도 되었을 것이다. 그러나 그는 자신이 없었다. 신을 벗어나서 살아갈 수 없었다. 그는 자신의 유한함을 신의 무한함의 증거로 삼았다. 그는 '자기'를 발견한 점에서는 근대인이었지만, 여전히 신을 버리지 못한 점에서는 중세인이었다. 데카르트의 동시대인인 파스칼은 아예 자기를 버린다. 그는 근대인도 아니다. 아니, 어쩌면 불안에 떨고 있는 근대인일지도 모른다. 이제 모든 이들이 함께 받아들일 수 있는 공통 규약이 사라진 시대이다. 기나긴 분열의 시대가 시작되었다.

분열은 무엇인가. 대화할 수 없는 상황이다. 왜 대화할 수 없는가. 공통 규약이 없기 때문이다. '신이 있다'를 전제하는 사람들은 서로 만날 수 있다. 그들이 만나는 곳은 '성도들의 도시', 아우구스티누스가 말하였던 신국神國이다. 성도들의 도시와 유사한 공동체가 이념의 도시이다. 이념의 도시에서는 초월적인 것이 아니라 해도 객관적 정신의 공동체가 형성된다. 그것은 정당과 국가 같은 것들이다. 근대 이후의 인간들은, 혈연에 근거한 가족에게 헌신하거나, 같은 지역 출신들끼리 유대관계를 맺거나, 같은 학교 출신들끼리 야합하거나, 이 모든 것을 포괄하는 국가에 헌신한다. 국가는 자신의 생명을 국가에 바친 이들을 위해 기념탑을 세운다. 다른 국가와의 싸움에 '국민'으로 호명된, 그러한 호명을 기꺼이 받아들이는 이들을 동원한다. 불안에 가득찬 근대인들은 상위의 공동체에 스스로를 맡긴다. 그들은 자신이 그것에 속해 있다고, 그것이 자신의 정체성을 확고히 해주리라고 착각한다. 근대인들은 공동체에 대한 충성심을 증명하고자 다른 정파의 구성원들을 잔혹하게 살육한다. 근대 이전의 살육이 동물적 살육이었다면, 근대 이후의 살육은 이념적 살육이다. 이러한 살육의 시대에는 외로운 자기自己가 살아갈 수 없다. 아우구스티누스는 외롭게 떠돌다가 신에게 되돌아갔다. 그는 로마를 붙들어보기도 하였으나, 그것은 낡은 유대였음을 느꼈던 듯하다. 그의 시대에는 망해가는 로마보다는 기독교 성도들의 공동체가 훨씬 더 나은 선택이었을지도 모른다.

데카르트는 중세의 막내, 불안한 근대인이다. 아우구스티누스와는 달리, '신이 있다'를 전제할 수 없다. '육체에 맞닿는 세상', '세상을 겪은 나'를 신뢰할 수 없다. 난롯가에 앉아 자기 안으로 들어간다. 데카르트는 아우구스티누스와 마찬가지로 신에 대해 탐구한다. 《성찰》(Meditationes)이라 불리는 그의 저작의 초판 제목은 "제일철학에 관한 성찰, 여기서 신의 현존 및 인간 영혼의 불멸성이 증명됨"이다. 이 책의 재판 제목은 "제일철학에 관한 성찰, 여기서 신의 현존 및 인간 영혼과 신체의 상이성이 증명됨"이다. 두 판에서 공통되는 것은 "신의 현존"이다. 이 책에서 데카르트가 변함없이 시도하는 것은 "신의 현존"을 "증명"하는 것이다. 아우구스티누스와 데카르트 모두 신에 대해 탐구한다. 그러나 아우구스티누스는, 그가 신을 "알게 되기 이전에는… 내 기억 안에 계시지 않"았다고 고백하고 있기는 하나, 신이 본래부터 있지 않았다고 하지는 않았다. 신의 현존을 부인하지 않았다. 신은 본래 존재하며, 내가 그것을 알아차리지 못했을 뿐이다. 그러므로 신의 현존을 증명할 필요가 없었다. 데카르트는 다르다. 그는 《성찰》에서 신의 현존을 증명하려고 한다. 그 증명 방법이 아우구스티누스와 같은 것이 된다 해도 그는 증명을 해야 할 필요가 있다. 신이 본래부터, 이미 있다는 것을 확신하지 못하고 있다. 신의 현존을 확신하는 세계에 살았던 아우구스티누스와, 신의 현존을 증명해야만 하는 세계에 사는 데카르트. '세상을 겪은 나'가 신을 찾았던 아우구스티누스와, '세상을 겪은 나'를 부정하고 세상과 단절한 내면이 신을 찾아 나서는 데카르트.

아우구스티누스는 인간이 육체와 영혼으로 이루어져 있다고 말하였다. 데카르트는 인간이 의식이라고 생각한다. 물론 아우구스티누스에서 신을 만나는 것은 영혼이었다. 그러나 이 영혼은 '육체와 영혼'(corpus et anima)을 거쳐온 영혼이었다. 데카르트는 처음부터 육체를 떼어낸 영혼이다. 이 영혼은 '신이 있다'를 전제하지 않는 자기의식이다. 내가 신에 대해 사유할 때에야 비로소 신은 존재한다는 것이다. 아우구스티누스에서는 신이 이미 있었으나 내가 기억하지 못하였다. 그리고 내가 신에 대해 사유할 때 신은 내 기억 속으로 들어왔다. 데카르트와 같은 근대인들은 신을 공유하지 않는다. 각자가 각자의 자기의식으로써 신을 확신해야만 한다. 인간(1), 인간(2), 인간(3)이 있다고 해보자. 아우구스티누스 시대라면 이들이 어떤 종류의 사람이든지 이들이 알고 있든 모르고 있든지, '신이 있다'를 전제하고 이들을 신 아래에 묶을 수 있었다. 데카르트 시대라면 사정이 다르다. 먼저 이들 각각이 자기에 대해 사유하고 있는지, 즉 자기의식을 가지고 있는지 확인해야 한다. 그런 다음 각자가 그 자기의식으로써 신에 대한 확신에 이르렀는지를 확인해야 한다. 그런 다음에야 이 세 사람은 만날 수 있다. 근대인은 이처럼 복잡한 절차를 거쳐야 성도들의 도시를 만들 수 있다. 그것은 불가능할지도 모른다.

각자의 자기의식이 확인되면 서로 교류할 수 있고, 그러한 교류 위에서 공동체를 세울 수 있다는 건 환상에 지나지 않는다. 불안은 나 자신을 둘러싼 세계와의 의미구조가 붕괴된 것이라 하지만 그렇게 간단하지 않다. 세계와의 관계 이전에 내가 나 자신에 대해서 확신할 수 없는 상태이다. 내가 나 자신에 대해서 확신할 수 없으므로 타인을 비롯한 세계와의 연관 속에서 의미를 만들어낼 수 없다. 자기의식의 불안이 먼저이다. 내가 과연 나인가? 나는 언제나 나인가? 언제나 나이고 싶은데 언제나 나일 수 없다. 내가 나임을 알아내는 기준이 나 이외의 곳에는 없으니, 내가 나를 기준으로 나의 정체성을 확정할 수밖에 없다. 데카르트는 아예 나의 정체성의 불안정을 신의 존재근거로 삼는다. 인간의 유한함을 깨닫는 순간이 신의 무한함을 아는 순간이라는 억지를 내세우고, 스스로를 자기 안에 가두었던 시작을 벗어나 세계로 나아가기 시작한다. 신의 보장을 얻었다고 확신하면서. 이것은 무모한 자기의식의 외화外化이다.

22

데카르트는 신의 보장을 가진 자기의식을 내세웠지만 영리한 근대인들은 자기의식도 신의 보장도 필요치 않은 세계를 만든다. 그들은 서로의 내면을 궁금해하지 않는다. 이것은 '양심의 자유'라는 개념으로 구체화된다. 내면에 어떠한 성질을 가지고 있어도 겉으로 드러난 행위가 공동의 절차를 지키기만 하면 '사람'으로서 살아갈 수 있다. 이것은 '절차적 정당성'이라는 법적 개념으로 지칭된다. 이는 근대 민주정 체제의 근간이 된다. 내면에 대한 고민이 인간성의 척도가 아니다. 절차의 준수가 인격성(personality)의 척도가 된다. 아우구스티누스적인 회심은 요구되지 않는다. 근대인의 상황은 이러하다. 내면의 깊은 곳으로 들어갈 수 없다. 신을, 자신의 영혼에서 만난다는 것은 각자의 일이다. '신이 있음'은 경험 데이터로써 검증되지 않고, 바로 그런 까닭에 다른 이들과 나누어 가질 수 없는, 전적으로 사적인 체험이다. 고백은 은밀히 이루어져야만 한다. 신을 믿지 않아도 공동체 생활을 할 수 있다. 칸트는 이들 영리한 근대인들—이들은 스스로를 '계몽철학자'라 불렀다—의 생각에 철학적 정당화를 부여하였다. 데카르트는 여전히 신을 찾아 갈등하는 사람이고, 칸트는 싸늘하게 신을 버린 사람이다. 칸트 이후의 시대는 신 없이 살 수 있다. 그저 사는 것이다. 이것이 잘 사는 것인지, 행복하게 사는 것인지, 보람 있게 사는 것인지, 덜 떨어진 삶을 사는 것인지, 이런 것들을 물어보지 않고 남들과 부딪히지 않고 그렇게 그렇게 사는 것이다. '좋음'에 대한 물음 없이 사는 것이다. 좋음에 대한 답은 각자의 내면에서 각자가 내려가면서 사는 것이다. 자신의 삶의 궤적이 곧바로 자신의 삶의 정당화 근거가 되는 삶이다. 공동체가 합의한 규약과 절차를 어기지 않는 한.

23

꾀가 많은 오뒷세우스는 자신을 붙잡는 여신 칼륍소에게 말한다: "위대한 여신이여, 나에게 화내지 마시오. / 당신이 말하는 것은 모두 참임을 나는 잘 알고 있소. / 나의 지혜로운 페넬로페를 보시오. 그는 당신보다 모자라오. / 당신 같은 아름다움과 키를 가지고 있지 않소. / 그는 마침내 죽을 운명에 처했으나 / 당신은, 당신은 늙지도 죽지도 않소. 그렇지만 나는 날마다 갈망하고 있소. / 집으로 돌아가서 귀환의 새벽을 보기를. 그리고 어떤 신이 나를 다시금 포도주 빛 바다 위에서 난파시킨다 해도 / 나는 그것 또한 참아낼 수 있소. 고통을 견디는 데 길들여진 영혼이 있기에"(오뒷세이아, 5, 215~222). 불멸하는 아름다운 여신 앞에서도 오뒷세우스는 거리낌이 없다. 그에게는 "고통을 견디는 데 길들여진 영혼"이 있다. 이 영혼은 세상을 겪는 데 아무런 두려움이 없다. 그렇게 세상을 겪은 영혼이 그의 삶의 근거이다. 아우구스티누스는 세상을 겪은 나의 끝에서 영혼으로 내려간 다음, 신을 향해, 신의 은총을 갈구하면서, 신에게 가 닿고자 하였다.

데카르트는 세상을 겪은 나의 끝에서 세상을 겪은 육신을 버리고 영혼 안으로 들어가 그 영혼의 유한함을 응시하고, 그 유한함을 신의 무한함의 증거로 삼은 다음, 신의 현존을 증명하였다고 선언한 뒤, 불현듯 안심을 얻고 유한한 자신의 힘으로써 세계를 알 수 있다는 자만을 드러낸다. 파스칼은 세상을 겪은 나의 끝에서 세상의 두려움에 떨며 곧바로 신 앞에 무릎을 꿇고, 그 신이 보이지 않아도, 그 신은 어딘가에 숨어 있으리라 확신하면서 운다. 키에르케고어는 파스칼이 죽은 지 200년쯤 후에 파스칼의 슬픔을 재현한다. 오뒷세우스는 아주 오래 전에 자기를 자신의 삶의 근거로 구축하였다. 영리한 근대인들과 꾀가 많은 오뒷세우스는 닮아 있지만, 영리한 근대인들의 마음 한 켠에 불안이 자리하고 있다면, 오뒷세우스에게는 두려움도 불안도 없다. 오뒷세우스에게 중요한 것은 신이 아니다. 페넬로페가 자신을 알아주고, 페넬로페에게 인정받고, 페넬로페가 그에게 입맞추고, 페넬로페가 그에게 이야기를 들려달라고 간청하고, 페넬로페와 달콤한 사랑을 즐기고, 페넬로페가 그에게 자신의 이야기를 들려주고, 이렇게 함으로써 자신과 페넬로페의 삶의 겪음을 재구성하고 그것으로써 자기를 구축하는 것—이것이 중요하다.

XXIII

24

데카르트의 허약함을 목격하려면 《성찰》의 〈제1성찰〉부터 〈제3성찰〉까지를 읽으면 되겠으나, 그러한 읽기는 잠시 미뤄두고 여담을 더 해보기로 한다. 데카르트는 '나는 생각한다, 그러므로 존재한다'고 말한다. "나는 생각한다"는 자기의식이다. 내가 나를 생각한다는 것이다. 그는 여기서 시작한다. 신이 먼저 있지 않다. 내가 생각해야 신이 있다. 그의 자기의식은 외부와의 연결이 끊어진 것이다. 그는 그것이 자신의 탄생의 순간부터 아무런 변화도 없이 그대로 보존되어온 순수한 시원始原인 것처럼 말한다. 그렇다고 해야 했을 것이다. 그래야만 그것은 일종의 선험적인 것, 이를테면 '순수 이성'처럼 불변의 토대로서의 역할을 할 수 있을 테니까. 그러나 우리의 자기의식은 그렇게 되어 있지 않다. 우리는 태어난다. 우리는 생물 유기체로서 태어난다. 그때의 우리 의식에는 아무런 데이터도 없다. 심지어 우리의 뇌는 미발달 상태이다. 이 상태는 신경세포(뉴런)의 연결이 조밀해지면서 탄생 순간의 미발달 정도에서 벗어나기 시작한다. 외부의 자극이 전혀 없다면 연결은 더 이상 진전되지 않고 그에 따라 의식 없는 상태로 있게 된다. 외부의 경험이 나에게 주어지고, 내가, 나의 신경세포가 그것에 의해 변화하고, 다시 외부로 자신을 투사하고, 그러한 오고감이 수없이 되풀이된 다음에야 '의식'이라 부를 만한 것이 있게 되는 것이다. 이 의식은 오로지 나의 것인가. '오로지 나'라는 것은 어디서부터 어디까지인가 알 수 없다. 내가 의식이라 부르는 것을 만들어내는 데에는 외부의 자극이 필수적이다. 이것은 우연히 주어진다. 분명히 외부로부터 나에게 들어와서 나의 의식이라는 것을 만들어냈으니 뭔가 있기는 하다. 어디까지인지 경계를 확정할 수 없으니 오로지 나의 것이라고 할 수 있는 것의 범위는 모르겠으나 그렇다고 남의 것이라 할 수도 없다. 그렇지만 지금, 여기서, 내가 나의 의식이라고 하는 것은 유일한 것이다. 지금까지 내 삶에서 주고받은 모든 작용의 총합이다. 유일한 총합이다. 그 총합들 각각은 다르다. 그것을 편견이라 해도 좋을 것이다. 누구나 그러한 것을 자기 것이라고 주장한다. 여기서 내가 얻게 되는 최소한의 통찰은 무엇인가. 나는 순전한 의식만을 가진 존재가 아니라는 것. 데카르트는 뭔가를 주장하기 위해서 의도적으로 그러한 의식을 내세운 건지, 아니면 정말 그런 게 있다고 믿은 건지. 앞의 경우라면 그 의도가 궁금하고, 뒤의 경우라면 이제는 그런 것을 믿을 수 없다는 것. 데카르트가 아우구스티누스보다 후대 사람이기는 하지만 인간에 대한 통찰은 육체와 영혼에 대한 통찰이라고 주장한 아우구스티누스가 훨씬 더 설득력 있다는 것. 데카르트의 《성찰》은 이런 여담을 한 번 해본 다음에 읽어야 한다는 것.

《성찰》의 〈제1성찰〉 제목은 "의심할 수 있는 것들에 관하여"이다. '나는 아무것도 모르겠다, 무엇인가 안다고 하는 것도 사실 뭔지 모르겠다'고 말한다. 〈제2성찰〉에 들어서면 이 의심은 조금 더 강해져서 자연물에 대한 의심으로 확대된다. 의심의 강물이다. 그렇지만 "인간 정신의 본성에 관하여"라는 〈제2성찰〉의 제목에서 짐작할 수 있듯이 "인간 정신"에 대한 신뢰는 조금 남겨두었다. 데카르트는 이렇게 해서 자신의 육체를 포함한 외부의 모든 것을 폐기한다. 그러다가 느닷없이 그는 〈제3성찰〉에서 "신에 관하여: 그가 현존한다는 것"이라는 제목 아래 신의 현존을 증명하려 한다. 제목으로만 보면 모든 것을 알 수 없다는 사람이 그 무지를 이겨보려고 신에게 의존하는 것이다. 나는 아무것도 모른다, 이를 어쩐다, 신에게 물어보면 되겠지, 그러려면 신이 있다는 것을 증명해야겠지—이렇다. 신의 현존을 증명하는 방법이 핵심이 된다. 그 증명은 의심스러운 외부 사물에서 증거를 찾아낼 수 없다. 희미하게나마 남아 있는 나의 정신에 의존하는 수밖에 없다. 〈제3성찰〉에서 데카르트는 바로 이 길을 택한다. 그는 내면으로 들어간다. 그곳에서 나를 비추는 빛을 발견한다. 그 빛은 내가 얼마나 유한한 존재인지를 알려준다. 그 순간이 '신이 있다'는 것을 확신하는 순간이다. 이것은 증명을 가장한 신앙고백이다. 아니면 교묘한 말장난이거나.

25

30년전쟁(1618~1648)의 살육장에 데카르트가 있었다. 그는 1618년 네덜란드 오라녜 가家의 나사우 백작 마우리츠의 군대 소속으로 참전하였고, 1620년에 바이에른의 막시밀리안 군 소속으로 프라하 근처 바이센베르크 전투에 참전했다. 그는 두려움을 느꼈다. 그는 난롯가에 앉았다. 눈앞에 시신들이 보이지 않으니, 그것들에서 생겨나는 두려움은 가라앉았을 것이다. 그의 마음에는 불안이 밀려왔다. 불안──눈에 보이지 않는 것들에 대한 것. 그의 불안은 어떤 것이었을까? 내 몸은 내 것일까? 내 몸으로 알게 된 것들이 확실한 것일까? 불안이 의심을 촉발한다. 그는 성찰에 착수하였다. 그가 불교의 가르침을 알았다면, 전장戰場에서 썩어가는 시신들을 보면서 부정관을 수행하였을지도 모른다. 불안과 그에 의해 촉발된 의심 끝에 자신의 육신을 곧바로 버렸을 것이다. 그러나 그는 그렇게 하지 않았다. 그는 자신의 내면으로 들어갔다.

26

데카르트, 파스칼, 영리한 근대인들인 계몽철학자들, 그리고 후대의 키에르케고어를 사로잡은 것은 두려움과 불안이었다. 그러나 그들이 향해 간 곳은 각각 달랐다. 세상을 버리고 자기로 들어가 신을 찾으려 한 이가 있었다. 두려움을 호소하고 자기 전체를 신에 바친 이도 있었다. 두렵지 않다고 자신하며 세계 지배를 향하여 간 이들도 있었다. 마찬가지로 두려워하지 않고 세계에 부딪혀 부서져버릴지언정 물러서지 않고, 신의 강인한 사자使者인 리바이어던—"너는 그 살가죽에 창을, 머리에 작살을 꽂을 수 있느냐? 손바닥으로 만져만 보아라. 다시는 싸울 생각을 하지 못하리라"(욥기, 40:31~32)—고래를 잡아 죽이려던 자도 있다.

27

데카르트는 자기 안으로 들어간다. 거기서 그는 자신을 단단하게 만들어 강한 사람이 되려 하지는 않는다. 안으로 들어가서 신을 찾는다. 아직은 신이 필요하다. 살육의 전장이 그를 신에게서 떠나지 못하게 한 것인지도 모른다. 자기 안으로 들어가는 것, 이것도 관념론이다. 관념론은 무엇보다도 눈에 보이지 않는 것이 있고, 눈에 보이지 않는 그것이 진리라는 신념이다. 이 진리는 우리 인간이 아닌 저기에 있다. 인간이 어찌하든 저기에, 객관으로서 있다. 객관으로 있으나 눈에 보이지 않는다. 플라톤이 말하는 진리인, 눈에 보이지 않는 형상形相은 저기에 있다. 인간은 그것을 바라보아야 하고, 노력해서 그것을 알아야만 하고, 그것을 온전히 가져야만 하고, 온전히 가지지 못하면 그것을 모방이라도 해야 하고, 그것이 진리라는 확신이 없다면 언젠가는 수정할 것을 각오하고서 '진리 닮은 것'이라도 가져야만 한다. 근대 이후의 삶을 지배하려 해온 자연과학의 법칙들도 저기에 있는 보이지 않는 것들을 잠정적 진리로 간주한다. 그것은 우리 인간이 그렇다고 믿든 아니든 진리로서 있다. 그것은 우리 동네에서만이 아니라 지구 전체에서 전 우주에서 작동하는 보편적인 것이다. 보편적이기 때문에, 유한한 인간은 그것이 진리임을 전면적으로 증명할 수 없다. 궁극의 것은 논증(apodeixis)할 수 없는 것이다. 언제 어디서나 틀림없이 옳은 진리라고 말하고 있지만 언제 어디서든 틀린 것으로 밝혀질지도 모른다는 걱정을 품고 있다. 그 걱정을 무시하지 않고 받아들여야만 과학자이고, 이들 과학자들은 공동체를 형성하여 서로를 위로하기도 하고 견제하기도 한다. 우리는 보편적 진리를 탐구한다, 그러나 이것은 틀릴 수도 있다, 바로 이것이다. 걱정을 하고 싶지 않은 이들은 신화(mythos)를 들여온다. 이것을 우리는 대개 종교라 부른다. 논증 불가능한 보편 명제를 논박 불가능한 것으로 전제한 뒤 자신의 신화를 펼쳐 보이는 철학, 즉 형이상학은 종교와 크게 구분되지 않는 믿음의 체계이다.

종교와 형이상학은 자신들이 내세우는 진리를 알고자 한다면 궁극적으로 최종 단계에서 정신 또는 영혼이라는, 눈에 보이지 않는 것을 통할 수밖에 없다고 주장한다. 오늘날에는 정신의 움직임도 뇌영상 촬영 장치를 통해서 볼 수 있지만, 예전의 종교와 철학은 그것이 보이지 않는다고 여겼다. 진리 인식의 원천은, 진리가 눈에 보이지 않는 것이므로, 당연히 눈에 보이지 않는 영혼이다. 영혼이 진리 또는 신을 아는 원천이라고 생각하는 태도는 관념론이다. 이것이 관념론의 둘째 의미이다. 첫째와 둘째 의미의 관념론을 전제한다면, 아우구스티누스와 데카르트는 이 두 가지 모두에 해당한다. 물론 둘은 다르다. 영혼은 인간(homo)이 가지고 있는데, 아우구스티누스에서는 영혼으로 들어가기 전에 육체의 경험을 쌓는다. 육체를 통해서 얻은 경험을 완전히 폐기하는 것이 아니라 그것들은 영혼으로 지양止揚된다. 이는 의미 있는 경험이다. 육체의 경험은 영혼의 자각에 반드시 필요한 요소, 즉 필연적 계기이다. 육체의 경험이 없다면 영혼은 텅 빈 것일 수밖에 없다. 텅 빈 영혼은 세상에서 힘을 쓸 수 없다. 그것은 적절함에 따라 자신의 영혼을 세계에 실현할 수 없으므로 무자비한 광신으로 빠져든다. 조급한 순결, 독단적 청빈이다. 데카르트에서는 육체의 모든 경험이 차단된다. 세계로부터 오는 모든 소재를 폐기하고 영혼만 남긴다. 아우구스티누스의 방식은 중세에 계수繼受된 방식이다. 데카르트는 그것을 폐기하면서《성찰》앞 부분에 적은 "소르본의 신학자들에게 바치는 헌사"에서 자신의 방식을 "자연적 근거에 의해 증명"하는 것이라 한다. 자연적 근거, 자연적 이성(ratio naturalis)은 자연 세계에서 얻은 육체의 경험을 버리고 영혼으로 들어가는 것이다. "자연적"이라는 말에 현혹되어서는 안 된다.

데카르트의 방법은 인간의 영혼이 가진 위력에 대한 신념에 근거한다. 그것은 신에게 전적으로 의지하지 않고 내 정신에 의존한다. 경험을 버리는 것에서 더 나아가 '내' 정신만을 가지고 뭔가 해보려는 것이다. 이를 파스칼은 "철학자와 학자의 신"이라 부른다. 파스칼은 철학자와 학자의 신이 아닌, 아브라함의 신, 이삭의 신, 야곱의 신을 찾는다. 파스칼은 자신의 모든 것을 내버리고, 자신의 영혼까지도 폐기하고 신에 매달린다. 아우구스티누스가 자신의 경험과 영혼으로써 신을 만나는 신학자라면, 데카르트는 "철학자", 파스칼은 '나에게만 실존하는 신'을 찾는 이다. 정신마저 잃어버린 공포의 절정에 처한 자이다. 여기서는 가톨릭이냐 프로테스탄트냐의 물음마저 무의미하다. 데카르트는 자신의 육체를 버리고 영혼을 간신히 추스린다. 그 허약한 영혼으로써 그는 세계를 구축하려 한다. 이것은 관념론의 과도한 전개이다. 진리인식의 원천으로서의 정신을 견지하는 태도의 파생물이지만, 세계구축에 착수함으로써 파생물의 지위를 벗어나 전혀 다른 변종變種이 되어버린 관념론이다. 이 관념론은 기이한 테제를 가진다. 인간의 정신은 자신이 유한자임을 철저하게 자각하는데, 그러한 자각이 자신에게 떠오르는 순간, 바로 그 순간에 무한자인 신을 알거니와, 이러한 앎, 즉 무한자를 아는 유한자가 세계를 구축해나간다. 데카르트에서 시작된 근대의 오만한──두려움을 뒷면에 숨기고 있는──관념론은 《성찰》에서 제시된다.

28

《성찰》의 〈제1성찰〉은, 《성찰》 전체에 대한 서언을 담은 문단을 지나고 나면 정신과 육체가 분리되는 과정을 제시한다. 이 과정은 〈제2성찰〉까지 이어지고, 〈제3성찰〉은 오만한 관념론의 핵심 테제를 제시한다. 〈제4성찰〉이후는 정신의 세계구축이 시도된다. 〈제1성찰〉은 첫머리에서 선언한다: "최초의 토대에서부터 다시 새로 시작해야 한다." "다시 새로 시작"하기 위해서는 "확실하지 않은 것"을 버리고 "의심할 수 없는 것"(indubitata)을 가져야만 한다. 그가 "확실하지 않은 것"으로 묶는 것은 스콜라 철학의 원리와 그것이 의거하고 있는 아리스토텔레스의 형이상학이다. 이 원리는 육체와 영혼의 결합 위에 앎을 구축하는 것이다. 그런 까닭에 데카르트가 아리스토텔레스의 형이상학을 발로 밟는 것은 그 형이상학을 비판하는 것이면서, 육체와 영혼의 결합 위에 구축된 앎을 폐기하는 것이면서, 육체와 영혼을 분리하려는 것이다. 이 분리는 감각의 폐기에서 출발한다. "내가 지금까지 아주 참된 것으로 간주해온 것은 모두 감각으로부터(a sensibus) 혹은 감각을 통해서(per sensus) 받아들인 것이다." "감각은 종종 우리를 속인다는 것을 이제 우리는 경험하고 있으며, 한 번이라도 우리를 속인 것에 대해서는 전적으로 신뢰하지 않는 편이 현명한 일이다." 이렇게 감각을 버리면서 '나'는 '육체와 영혼의 결합체로서의 나'에서 '영혼만을 가진 나'로 바뀐다. 똑같은 '나'가 있어도 그것들은 전혀 다른 종류들이다. 영혼만을 가진 '나'도 계속해서 분열된다. 데카르트의 '나'는 신을 만날 때까지 거듭거듭 내면에서의 분열을 거쳐간다. 《성찰》이라는 텍스트에 등장하는 수많은 '나'는 언제나 똑같은 '나'가 아니다. 그것이 어떤 '나'인지를 감별해내는 것이 읽기의 요체가 된다. "내가 지금까지 아주 참된 것으로 간주해온 것은 모두 감각으로부터 혹은 감각을 통해서 받아들인 것이다"에서의 '나'는 감각을 신뢰하는 '나'이다. 아리스토텔레스적 전통에 담겨 있는 어제의 '나'이다. "그런데 감각은 종종 우리를 속인다는 것을 이제 경험"하고 있는 '나'는 어제의 '나'를 의심하고 있는 '나'이다. 두 개의 '나'가 등장하고, 하나는 다른 하나를 의심한다. 이런 식이다.

아리스토텔레스의 《형이상학》에서 제시되는 앎(eidenai)의 성립 단계는 다음과 같이 정리할 수 있다: 앎은 감각에서 시작해서 기억과 경험과 기술을 거쳐 학문적 인식에 이른다(cf. 980a). 감각(aisthēsis), 기억(mnēme), 경험(empeiria), 기술(technē), 학문적 인식(epistēmē)——이것들 모두가 앎이다. 출발점은 감각이고 마지막 단계가 학문적 인식이다. 감각은 육체가 가지는 앎이고 학문적 인식은 감각에서 시작된 앎이 고양되어 형성된 것이다. 그런 까닭에 학문적 인식은 정신만의 것이라 할 수 없다. 선행先行하는 것들을 버리고 홀로 성립한 것이 아니다. 육체로 얻어진 것들이 점차 정화淨化되어서 영혼에 이르러서 성립한 것이라 해도 될 것이다. 감각과 학문적 인식이 필연적 연관 속에 계기로서 성립하면서 앎의 사슬 전체를 이루는 것과 꼭 마찬가지로 그것을 성립시키는 육체와 영혼은 하나의 연속체(continuum)로서 있고, 이것이 인간의 앎이다. 〈제1성찰〉에서 이를 부정하려는 것은 앎의 단계와 각 단계의 내용에 대한 부정일 뿐만 아니라 인간에 대한 관점을 전면적으로 재설정하려는 시도이다. 데카르트는 육체와 정신을 자르려 한다. 그는 자를 수 있다고 믿었을까? 아니면 그저 한번 해보려고 한 것일까?

육체와 정신을 자르고 정신 속으로 들어간 데카르트는 자신의 정신마저도 확신하지 못한다. 육체를 믿을 수 없던 자가 정신마저도 믿을 수 없게 된다. 믿을 건 아무것도 없다. 내적 확신의 붕괴에 이른 데카르트는 고백한다: "내가 만일 확실한 것을 발견하고자 한다면 명백히 거짓인 것에 대해서처럼, 이런 의심스러운 것에 대해서도 조심스럽게 동의하지 말아야 한다고 생각했다"(제1성찰). 이 정도면 우리도 새겨둘 만한 일상적 주의사항은 될 것이다. 그러나 데카르트는 자기 정신에 대한 부정을 극단으로 밀고 간다. 그는 〈제1성찰〉 말미에서 자학적으로 발작적으로 선언한다: "나는 이제 진리의 원천인 전능한 신이 아니라, 유능하고 교활한 악령(genium aliquem malignum)이 온 힘을 다해 나를 속이려 하고 있다고 가정하겠다." 이 선언과 함께 그는 "난국의 암흑"(difficultatum tenebras)에 스스로를 가둔다. 여기서 그가 진리의 원천인 전능한 신이 있다는 것을 부정한 것은 아니다. 그 신이 있기는 할 것이나, 그 신의 힘이 나에게 미치고 있지 않을지도 모른다. 신만큼이나 위력적인 악령이 나를 속이고 있음을 가정할 뿐이다. 가정일 뿐이지만 이는 전능한 신에 대한 모독이다. 육체를 폐기하고 정신을 버리고 신을 의심—이는 기독교에 대한 전면적인 의심이다—한다. 데카르트는 모든 것을 의심한다. 그러한 "난국의 암흑"에 빠져 들어가서 어쩌자는 것인가? 거기서 빠져나올 방도를 가지고 있는가?

29

우리는 지금까지 해보지 않았던 것을 시도하여 난관에 부딪히면, 익숙했던 길로 되돌아간다. 데카르트는 그렇게 하지 않는다. 오히려 그는 "힘을 내서 어제 들어선 길을 다시 따라"간다(제2성찰). 그렇게 하여 "확실하고 흔들리지 않는(certum & inconcussum) 최소한의 것"을 찾으려 한다. 그의 내면에 무엇이 남아 있는 것일까? 그는 〈제2성찰〉에서 그것을 탐색한다. 〈제2성찰〉에서 '나'는 어떤 '나'인가를 묻는다. "나는 어떠한 감각도 갖고 있지 않으며, 물체, 형태, 연장, 운동 및 장소도 환영(chimerae) 이외에 다름 아니다. 그러면 참된 것은 도대체 무엇이란 말인가? 아마도 확실한 것은 아무것도 없다는 이 한 가지 사실뿐이다." 이것이 〈제1성찰〉에서 성취된 '나'이다. 이 '나'에게 내가 묻는다. 물음은 간단하다. '나'는 확실한 것은 아무것도 없다는 것을 알고 있는 '나'이다, 그런데 바로 그 사실은 "도대체 어떻게 알고 있는 것일까?" 적어도 나는 내가 어떤 것이라고 생각하고는 있기 때문에, 나는 나를 안다. 다른 것은 다 몰라도 "나는 있다, 나는 현존한다"는 것은 내가 안다. 내가 나를 알고 있다, 이것만은 확실하다. 내가 알고 있는 나는 내가 나를 만져봐서 아는 게 아니다. 내가 나를 아는 데에는 내가 내 몸을 봐서 아는 게 아니다. 그냥 아는 것이다. 데카르트는 그냥 아는 것이라 말하고 있다. 내가 나를 안다, 내가 나를 앞에 두고 보듯이 안다는 것이다. 이는 나의 자아가 분리되어야 가능한 상태이다. 여기에 이르면 나의 정신은 적어도 둘로 쪼개진 상태이다. 〈제2성찰〉은 일단 여기까지 왔다. 그러고 나서 다시 묻는다. 내가 나를 안다는 것은 알겠다, 그러면 나는 나에 대해서 무엇을 알고 있는가? "나는 필연적으로 존재하는 내가 무엇인지를 아직 자세히 모르고 있다." 이 물음에 대해 내 몸을 대답으로 내놓으면 안 된다. 내 몸은 〈제1성찰〉에서 이미 폐기되었기 때문이다. 이 물음은 내 정신에 대해서 묻는 것이다. 육체와 분리된 정신에 대해서 묻는 것이다. 그러나 아직은 그것이 정신인지 아닌지도 확실하지 않다.

데카르트는 자신을 전면적으로 재검토한다. "그렇다면 나는 전에 나를 무엇이라고 믿고 있었는가?" 이전에는 나의 육체가 나라고 믿고 있었다. "나는 이것을 신체라고 불렀다. 또 나에게 떠오른 것은, 내가 영양을 섭취하고(nutrini), 걸으며(incedere), 감각하고(sentire), 사유한다(cogitare)는 것"이다. 이제는 사유 이외의 것은 내가 아니다. "나는 지금 어떠한 신체도 가지고 있지 않으므로 이것들은 허구적인 것(figmenta)에 지나지 않는다." 그는 사유(cogitatio)만을 남긴다. 정말 그러한가? 우리는 사유일 뿐인가? 이렇게 신체에서 사유를 분리하는 게 가능한가? 불가능하다. 이것은 그의 사유실험에 지나지 않는다. 그가 사유만을 남기려는 목적을 알지 못한다면 도무지 이해할 수 없는, 아니 전혀 용납되지 않는 성찰이다. 도대체 그는 왜 이렇게 억지를 부리면서 정신만을 남겨두려 하는 것일까. 의문이다.

우리의 의문은 일단 접어두고 그의 성찰을 따라가보자. 〈제2성찰〉에서 그가 도달한 "나는 정확히 말해 단지 하나의 사유하는 것(res cogitans), 즉 정신, 영혼, 지성 혹은 이성"이다. "사유하는 것"—육체적인 것은 모두 폐기된 것이다. 세계에 대한 나의 사유로써, 세계를 구축하기 위해서, 세계의 지배자가 되기 위해서, 세계의 일부임이 명확한, 세계에 맞붙어 있는 것이 틀림없이 눈에 보이는 육체를 폐기하고 세계와 떨어져 있어 보이는, 내가 확실히 통제하고 있는 것처럼 여겨지는 정신만을 남기고, 이 정신을 출발점으로 삼아 세계를 사유해나가면, 부서지고, 무너지고, 죽어서 썩어가는 육체에 의존하지 않고, 세계에 대한 확실한 앎을 얻어낼 수 있으리라는 확신 속에서, 그리고 그러한 확신에 신이라는 보증자를 세워두면 누구나 그 앎을 승인하리라는 열망 속에서 그는 '사유하는 것'만을 붙잡는 것이다. 허약하다. 이것은 '모든 것은 마음이 만든 것'(一切唯心造)이라는 것과는 다르다. 이 명제는, 나의 앎은 본래 고정된 정체성을 갖지 않은 것인데 마음이 그러하다고 믿고 있을 뿐이며, 그런 까닭에 마음이 만든 것은 덧없고 불확실한 것임을 주장하는 것이다. 데카르트는 '모든 것은 마음이 만든 것'임을 내세우면서, 그것이 바로 마음에서 만들어졌으니 확실하다고 하는 것이다. 그러나 그 둘의 밑바탕은 흡사해 보인다. 그것은 도저한 정신주의다. 정신이 일체의 주도권을 쥐고, 물질로 이루어진 세계를 무시해버린다. 상식으로는 말이 안 되는 지점으로까지 밀고 들어가버린다. 내 정신의 확실성을 신이 보장한다는데 누가 덤빌 것인가. 데카르트는 신을 찾기 전에 자신의 정신을 곧추 세워 세계에 맞선다. 세상의 두려움을 이기는 데에는 이만한 것이 없다. 그것이 독신瀆神의 분위기를 가지고 있다 해도.

XXIX

30

 데카르트의 자기의식의 관념론——내 정신으로부터, 모든 외부 데이터를 차단한 선험적先驗的 정신을 시원始原으로 삼아 세계를 구축하겠다는 것——은 허약하다. 억지로라도 신을 짊어지고 나아간다. 신의 그림자가 자기의식의 뒤편에 있다. 육체를 떼어내고 영혼만을 남긴 채 〈제3성찰〉에 들어섰으나 이 영혼은 허허롭다. 그러면서도 이 영혼은 신에 대하여 서 있으려 한다. 허약함에 오만함이 중첩되어 있다. "오직 나 자신과 대화하고, 내면을 깊이 살피면서, 내 자신을 점점 더 알려지게 하고, 내 자신과 더 친숙하게 만들어보자. 나는 사유하는 것이다." 사유하는 나의 힘을 믿고, 그것으로써 나아가려 한다. 그러면서도 자신의 사유의 힘을 굳게 하기 위해 가장 심각한 걸림돌인 신의 문제를 해결하려 한다. "의심의 근거를 제거하기 위해 나는 가능한 한 빨리 신이라고 하는 것이 존재하는지, 또 존재한다면 기만자일 수 있는지를 고찰"해야 한다고 다짐한다. 데카르트는 신의 현존을 증명하려 한다. 어떻게 하는가? 아주 간단하다. 내 생각 속에 '신'이라는 관념이 있다. "신의 관념, 즉 내가 영원하고 무한하며, 전지전능하고, 자신 이외의 만물의 창조자인 최고의 신을 인식하게 되는 관념", 즉 "표상적 실재성"으로서의 신이 있다. 이것이 있으니 당연하게도 신이 실제로 있다는 것이다. 어딘가 신이 있다. 이것이 원인이다. 이 원인이 실제로 있을 테니 이 원인이 작용하여 그 결과로 내 관념 속에 신이 있게 되었다는 것이다. 원인을 발견하지도 못하였는데, 내 머리 속에 있는 신이라는 관념을, 발견하지 못한 원인의 결과라고 간주하고, 원인이 실제로 있다고 말하면서 이것을 현존 증명이라 내놓은 것이다. 데카르트는 진지하게 말한다. "전체 작용 원인 속에는 적어도 그 결과 속에 있는 것만큼의 실재성이 있어야 한다는 것이다." "관념이 어떤 특정한 표상적 실재성을 갖고 있다면," 즉 신이라는 관념이 전지전능함 등과 같은 표상적 실재성을 갖고 있다면, "이는 그 관념이 갖고 있는 표상적 실재성과 적어도 동등한 형상적 실재성을 갖고 있는 원인에 의해서만 가능하다." 나는 전지전능하지 않다. 이것은 다른 말이 필요 없는 진실이다. 그런데 나에게는 전지전능한 신이라는 관념이 있다. 내가 전지전능한 존재가 아닌

데 어떻게 이것이 가능하겠는가. 전지전능한 어떤 존재가 내 정신 속에 이 관념을 넣어주었기 때문 아니겠는가? 전지전능한 어떤 존재는 전지전능하기 때문에 그것에 상응하는 형상적 실재성을 가진다. 유한한 존재인 나는 유한하기 때문에 무한한 신이라는 관념을 애초에 가질 수 없다. 즉 유한한 존재인 나는 무한한 존재인 신의 관념의 원인일 수 없다. 내가 가진 신 관념은 나와 다른, 나와는 독립된, 내가 존재하지 않을 때에도 분명하게 존재하는 신이 나에게 심어준 것이다. 말이 안 되는 소리다. 어떤 관념은 그 관념의 원인으로서 현실존재를 요구하지 않는다. '뿔이 열일곱 개 달린 짐승'이라는 관념이 있다고 해서 어딘가에 반드시 그 짐승이 실제로 있는 것은 아니다. 우리는 수없이 많은 관념들을 결합해서 이른바 '상상 동물'을 만들어낸다. 그것은 관념일 뿐이다. 이렇게 말이 안 되는 이야기를 밀어부쳐 데카르트는 신의 현존을 증명한다. "이제 남아 있는 것은 신의 관념뿐이며, 이 관념이 나 자신에서 나올 수 있는지를 고찰해보자." 그 관념은 나에게서 나오지 않는다고 그는 거듭 말한다. "실로 이런 것은 내가 곰곰이 생각하면 할수록 나 자신에서 나온다고 할 수 없는 것이다." 여기에 데카르트는 명시적으로 말하지 않은 전제를 하나 숨겨두었다. 그것은 바로 '모든 관념에는 현실적인 원인이 있다'는 것이다. 이것은 그가 그저 옳다고 여기는 명제일 뿐이다. "원인 속에는 결과 속에 있는 것과 적어도 동등한 정도의 실재성이 있어야 한다는 것은 아주 분명하다"는, 분명하지 않은 명제를 숨기고 있는 것이다.

데카르트는 말이 안 되는 전제를 숨겨두고 신의 현존을 증명하였다. 그의 신 존재 증명은 우리가 더 이상 유념해서 들여다볼 필요가 없다. 그렇지만 그것을 한 번 더 들여다보자. 그가 신의 현존을 증명하는 과정에서 분명히 말한 것이 있다. 되새겨보자. 인간은 유한하다. 그런 인간이 정신 속에서 신의 관념을 떠올리기는 한다. 그러나 인간이 그 관념의 원인은 아니다. 인간은 유한하기 때문이다. 인간이 자기 스스로를 조금이라도 잘난 자라고 생각한다 해보자. '내가 신의 관념의 원인일 수도 있지, 그만한 것쯤은 떠올릴 수 있지, 내가 가진 어떤 측면을 극대화하면 신이라는 존재를 구성해낼 수도 있지 않는가.' 이런 식으로 생각한다면 데카르트와 같은 방식으로 신의 현존을 증명해낼 수가 없다. 그 방식은 철저하게 인간의 유한함을 주장해야만 성립한다. 내가 전지전능한 신 관념을 가지고 있다, 그런데 이 관념을 유한한 내가 떠올렸다는 것은, 유한한 존재에게는 도무지 있을 수가 없는 일이다. 이렇게 따져야만 가능한 것이다. 나처럼 하찮은 존재가, 신이라는 전지전능한 존재가 없었다면, 그런 전지전능한 존재가 실제로 있어서 내게 그 관념을 불어넣어주지 않았다면, 전지전능한 신이라는 관념을 가질 수나 있었겠는가, 내가 어떤 능력을 조금 가지고 있다 해도 누군가 나를 도와주지 않았다면, 그런 성취를 할 수 있었을까. 데카르트가 신의 관념을 두고 신의 현존을 증명해내는 것은 바로 이러한 겸손함, 경건함이다. 그런 까닭에 이 현존 증명은 인간의 유한함에 대한, 인간의 하찮음에 대한, 인간의 허약함에 대한 강력한 확신에 의존한다. 인간의 유한함과 하찮음과 나약함을 강조하면 할수록 이 증명의 위력은 커진다.

31

데카르트의 심정에 경건함이 있었는지는 알 수 없다. 나는 유한함에 머무르는 것이 경건함이라 생각한다. 인간이 얼마나 유한하고 하찮고 허약한 존재인지를 자각하고 그것에서 벗어나지 않으려는 것이 경건함이다. 적어도 그는 이러한 경건함을 가지고서 신에 대해 사유했다고 믿고 싶다. "내가 정신의 눈을 나 자신으로 향하면, 나는 불완전한 것이고, 다른 것에 의존하는 것이며, 끊임없이 더 크고 더 좋은 것을 바라는 것임을 이해"한다는 것은, 내가 유한한 존재임을 자각하고 있음을 의미한다. 이러한 자각이 뚜렷할수록 "동시에 또한 내가 의존하고 있는 것은 이 더욱 큰 것을 모두 무한정적으로, 또 가능적으로만이 아니라 현실적으로 무한하게 갖고 있으며 이것이 신임을 이해하게 된다." 〈제3성찰〉은 여기에서 핵심에 이른다. 인간이 자신의 유한함을 이해하고 자각하는 바로 그 순간이 인간이 의존하고 있는 존재인 무한한 신을 알게 되는 순간이다. 내가 유한함을 깨달을수록 신의 무한함을 알게 된다. 그런데 여기서 데카르트는 한 발 더 내딘는다. 그는 "이 비할 수 없는 장대한 빛의 아름다움을 바라보고 찬양하며 숭배하는 것"에 머무르지 않는다. 자신이 신을 알았기 때문에, 자신이 유한하다 해도 신을 알게 되었기 때문에 이제 신보다 못한 것들은 알 수 있다고 말한다. 경건함을 벗어났다고 해야 할지도 모른다.

32

아우구스티누스에서든 데카르트에서든 인간이 알아차리든 그렇지 않든 신은 존재한다. 그런데 아우구스티누스에서는 신이 먼저 있은 다음, 신의 피조물로서 인간이 있음을 분명하게 하였다. 데카르트에서는 신이 먼저 있다고 말하지 않는다. 오히려 인간의 정신부터 있다고 말한다. 인간 주관主觀이 먼저 있고, 그 주관에 알려지는 신이 있다. 인간 주관은 신에 마주 서 있다. 신이 본래의 주인이자 주체主體여야 하는데, 인간이 주체이고 신은 객客이다. 신은 인간에게 '마주 서 있는 대상對想'이다. 여기서는 신이 있다는 것, 즉 존재론에 관한 이야기가 중요한 것이 아니다. 내가 신을 어떻게 아느냐, 즉 인식론에 관한 이야기가 중요하다. 데카르트의 유명한 명제, '나는 생각한다, 그러므로 존재한다'처럼, 알아야 존재한다. 모르면 존재하지 않는다.

33

나는 무엇에 의거하여 살고 있는가. 내 삶의 근거는 무엇인가. 거창하게 물을 것 없이 내 삶에서 내가 훼손하고 싶지 않은 원칙이 있는가. 인류가 보편적 원리로서 받아들이는 것들, 이를테면 '모든 인간은 평등하다'와 같은 것은 한때는 보편적이지 않았다. 지구에 살고 있는 단 한 사람의 머리 속에도 그 명제가 떠오르지 않은 세월이 떠오르는(또는 떠올라야만 하는) 세월보다 훨씬 길었다. 이것은 이제 누구도 거부할 수 없는 원리이지만 언젠가는 그 누구도 돌아보지 않을 원리가 되어 버려질 수도 있다. 나의 삶은 이러한 원리들로 지탱된다. 원리들이 서로 충돌하기도 한다. 유한한 인간이요 우주의 티끌에 불과하니 오래 살고 싶은 마음은 없으나 병이 난다면 그대로 누워서 죽음을 기다리지는 않을 것이다. 세상사라는 게 열심히 노력한다고 해서 반드시 성취된다고 생각하지 않으니 뭔가 잘되게 해달라고 신에게 기도할 마음은 없다. 신이 나의 삶에 의미를 부여한다고 여기기는 하지만 그렇다고 해서 내가 공부하는 일까지 주재한다고 생각하지는 않는다. 과학적 원리에 따라 이루어지는 일이 대체로 옳다고 여기기는 하여도 과학이 인생의 모든 일을 해결해주지는 않는다고 생각하며, 그저 때를 기다리다 보면 이루어지는 일도 있다고 생각하기도 하지만 그렇다고 '정신일도 하사불성' 같은 허무맹랑한 정신주의에 매몰되어 있지도 않으며, 매사가 항상 잘되는 것만은 아니어서 달도 차면 기울듯이 때가 되면 집착을 버리고 물러서야 한다고도 생각한다. 내가 지키려고 하는 원칙들은 엉켜 있다. 그렇다고 해서 맹신으로 보일 만큼 하나의 종교적 원칙에 맞추어 정돈할 생각도 없고 그럴 필요도 느끼지 않는다. 자연과학이라는 확고부동한 원리에 따라 이 모든 것을 재단하고 싶지도 않다. 그렇게 되어가는 대로, 크게 세상사와 사람들과 어긋나지 않는 한 두어두되, 뭔가 문제겠다 싶으면 이리저리 재어보고 이것저것 따져보고 지킬 건 지키고 고칠 건 고치려 한다. 아주 오랫동안 변함없이 지켜온 것은 사실상 없다. 무엇이 나의 정체성을 유지시켜주는 것인지를 규정할 수 없다. '나는 누구인가'에 대한 답은 뚜렷하게 내놓을 수 없고, '나는 무엇인가'에 대한 답은 그저 '나는 존재하는 생물'이라는 것뿐이다.

34

자신이 어떤 존재인지에 대한 물음에 답을 내놓을 수 없는 상황, 아니 어쩌면 대답할 수 있는 것들이 지나치게 많아서 무엇을 골라야 할지가 어수선한 상황에서는 도대체 어떻게 묻고 어떻게 답을 해야 할까? 파스칼의《팡세》Pensées를 읽으면서 생각해본다. 파스칼은 말한다: "이 무한한 우주의 영원한 침묵이 나를 두렵게 한다"(§233). 두려움——이것이 그가 가진 가장 기본적인 심정이다. 두려움의 원인은 무한한 우주, 그것의 고요함이다. 사람들은 파스칼을 기독교의 맥락에서 이야기하곤 한다.《팡세》를 편집한 필립 셀리에는《팡세》가 "아우구스티누스적인 기독교, 즉 거의 1500여 년 동안 서양 세계를 지배해왔던 하나의 세계관 내지 역사관을 제시해주고 있다"고 평가한다. 파스칼은 아우구스티니안Augustinian으로 규정된다. 파스칼은 독실한 신앙인이다. 파스칼의 '두려움'은 신앙인의 두려움으로 해독된다. 기독교 신자가 아니면 갖지 않았을 두려움으로 간주된다. 과연 그러한가? 그를 두렵게 하는 무한한 우주의 영원한 침묵은 기독교도에게만 심각한 문제인가?

우주를 생각한다. 135억 년 전쯤 우주는 하나의 미세한 것에 응축되어 있었다. 그것이 폭발하였다. 이 폭발로써 우주 공간과 시간이 시작되었다. 운동이 시작된 것이다. 그때부터 지금까지의 운동 시간이 135억 년인 것이다. 폭발 이전, 운동이 시작되기 이전에는 시간이 없었다. 이것을 어떤 이들은 '영원'이라고 한다. 영원은 시간을 무한히 쌓아 올린 것이 아니라 시간이 없는 상태이다. 공간은 비어 있다고 하지만 사실은 완전히 비어 있지 않다. 무수히 많은 입자들이 떠다닌다. 시간은 되돌릴 수 없다. 이 시간과 공간은 어디론가 그저 정처없이 움직여가고 있다. 언젠가 이 움직임은 끝이 날 터이니 무한한 시간과 공간은 아니다. 우주 속의 모든 존재는 대폭발에서 튀어나온 것들이 뭉치고 흩어진 것들이다. 우리 몸 안에 있는 것들이 태양을 이루고 있는 것이고 명왕성을 이루고 있는 것이고 안드로메다를 이루고 있는 것이다. 우리 인간과 안드로메다는 근원적으로 같은 존재이다. 둘 다 허공 속에 떠돌아다니는 입자들이 우연히, 어쩌다 결합되어 있게 된 것들이고, 그렇게 있다가 언젠가는 다른 것들로 있게 될 것이고, 우주가 없어지는 일이 있다면 없어지게 될 것들이다. 있다면 있는 것이고 없다면 없는 것이고, 있다고 말할 수도 있고 없다고 말할 수도 있는 것들이다. 이것이 모든 사물들을 진상眞相에서 보는 것이다. 이것은 누구도 부인할 수 없다. 파스칼은 말한다. "이 무한한 우주의 영원한 침묵이 나를 두렵게 한다." 그런데 우주를, 우주 속의 안드로메다를, 우주 속의 인간을 존재의 진상에서 보면, 그것은 두려움도 기쁨도 슬픔도 쓸쓸함도 덧없음도 불러일으키지 않는다. 아무것도 만들어 내지 않는다. 파스칼은 두렵다고 한다. 파스칼이 덜 떨어진 사람이어서 두려움을 느낀 것이 아니다. 그는 존재의 진상을 알고 있었을 것이나, 거기에 머무른 것이 아니라 다른 영역으로 들어간 것이다. 우주와 우주의 모든 존재를 다른 차원에서 생각한 것이다. 파스칼은 그렇게 해서 기독교도가 되는 것이다. 불교도라면 존재의 진상을 놓고, 있는 것에도 매달리지 않고 없는 것에도 매달리지 않아야겠다고 할 것이다. 마음을 놔버릴 것이다. 그렇게 해서 시간 이전으로 마음을 되돌려버릴 것이다. 그렇게 하여 영원으로 가려 할 것이다. 그것이 열반涅槃이다. 아우구스티누스도 영원을 말하였다. 하느님은 시간 이전에서 시간을 만들었다고 하였다. 하느님의 시간은 어제도 아니고, 내일도 아니고 항상 오늘이라고 한다. 하느님은 시간 이전에 있으면서 시간 위에 있다고 한다. 그러나 인간은 시간 이전으로 갈 수 없다. 그러니 생성 변화 속에 있는 인간은 유有에서 무無로 스러져가는 것이 두려울 뿐이다. 파스칼의 두려움은 바로 이 생성 때문에 생겨난다. 끊임없이 움직이는 우주 속에 있는 "인간은 자신이 어떤 위치에 있는지 알지 못한다"(§19). 그는 신에게서, 생성을 겪지 않는 신에게서 벗어나 있다. 신이 있는 곳이 그가 있어야 할, 있고 싶은 곳이다. "그는 그의 진정한 위치로부터 떨어져 나와서"(§19) 있으므로 두렵다. "우리는 진리도 선도 소유할 능력이 없다"(§62). 우리는, 존재의 진상에서 보면 우연한 존재에 지나지 않는데, 그 우연함이 두려움을 만들어낸다.

35

두려움을 이겨내려고 파스칼은 '생각'을 한다. "인간은 (…) 생각하는 갈대이다"(팡세, §231). 이 "생각"은 자신에 대해 생각하고, 신에 대해 생각하는 것이다. 인간은 우주 앞에서 두려움을 느낀다. 그런 다음 인간은 또 생각을 한다. 신을 찾아야겠다고 생각한다. 인간은 신을 생각하는, 신을 찾는 갈대이다. 왜 신을 찾는가? 존재의 진상을 알았으니 그걸로 충분하지 않은가?

누군가 나에게 묻는다. 세계는 우주의 티끌들의 우연한 결합이라는 걸 그대는 알지 않는가, 그대의 몸은 언젠가는 티끌로 되돌아갈 것임을 그대는 알지 않는가, 그대의 정신이 탐욕스럽게 읽고 있는 책들이 모두 한순간의 응축에 불과하다는 것을 그대는 알고 있지 않은가, 그대가 그렇게도 소중하게 여기는 만년필은 하찮은 물건에 지나지 않다는 것을 그대는 알지 않는가, 그대가 몹시도 사랑하는 그 모든 것들이 찰라에 스러져버릴 것들임을 그대는 알고 있지 않은가. 그렇게도 잘 알고 있으면서도 그대는 왜 그것들에 그렇게 집착하는가, 그대는 존재의 진상을 알면서도 왜 자신을 기독교도라 말하고 신에 대한 신앙을 고백하는가.

XXXV

36

신이 세계를 창조하였다는 것은 신이 세계에 의미를 부여하였다는 것이다. 신이 세계에 부여한 의미는 '좋음'이다. "이렇게 만드신 모든 것을 하느님께서 보시니 참 좋았다"(창세기,1:31). 존재의 진상은 있음과 없음을 오가는 것이라 해도 그 과정 자체에 '좋음'이라는 의미를 부여하는 것이 기독교이다. 신이 세계를 창조하였다는 것은 신이 세계에 '좋음'이라는 의미를 부여한 것이다. 두려움에 머물러 있지 않고, 세계를 두려워하지 않고, 죽음을 두려워하지 않고, 두려운 나머지 영원한 생명을 얻으려 하지 말고, 두려움의 끝에서 사악함을 뿜어내지 말고, 두려움을 받아들이고, 인간의 유한함을 인정하고, 언젠가는 무로 되돌아갈 것을 용인하면서, 세계는 신이 좋음이라는 의미를 부여한 곳임을 고백하면 되는 것이다. 그것이 기독교도의 태도이다. 우리의 마음속의 두려움을 신이 부여한 '좋음'으로써 이겨내는 것이다. 좋음을 주는 신을 찾아서 믿음으로써, 그러한 신을 향함으로써. 그러하니 신과 함께 하지 않는 인간은 비참하고 신과 함께 하는 인간은 행복하다. "신만이 인간의 진정한 행복이다"(팡세, §181). 그저 믿고 의지하면 된다. 하찮은 유한자의 처지에서 세계를 내 정신으로 구축해보려 애써서는 안 된다. 인간은 신의 자리로 결코 건너갈 수 없다. 그렇게 생각하면 오만함이다. 자신이 진리의 담지자라고 선포하는 것이다. 차라리 나는 유한한 존재임을 인정하고 그 안에서 깜냥껏 살겠다고 하는 것이 낫다. 인간은 신에게 다가갈 수 있을지언정 어디에 있는지는 알지 못한다. 신을 찾았다고 선언할 수도, 현존을 증명할 수도 없다. 파스칼은 고백한다. "하느님께서는 숨어 계시기를 원하셨다는 것. (…) 하느님께서는 이처럼 숨어 계시기 때문에 하느님께서 숨어 계신다고 말하지 않는 모든 종교는 참 종교가 아니다"(팡세, §275). "참으로 당신은 자신을 숨기시는 하느님이십니다"(Vere tu es Deus absconditus)(이사야, 45:15).

신은 숨어 있다. 우리는 신이 어디에 있는지 알 수 없다. 알 수 없으니 신이 있는 곳으로 갈 수 없다. 알지 못하니 갈 수 없다. 어쩌면 우리는 이것에서 위안을 얻을지도 모른다. 멈춰 설 곳을 알지 못한 채 계속 나아가기만 하는 것은 비극적 전망이 아니다. 그저 가는 것이다. 꿈도 없이 희망도 없이. 어디에 있는지 알면서도 가지 못하는 것이 차라리 비극이다. 저기에 있다는 것을 알면서도 가 닿을 수 없는 것—그것이 슬픔 아닌가.

37

슬픔을 이기려면.

내가 멈춰 선 곳에 신이 있다고 확신한다.

38

에이해브 선장은 "위엄 있는, 신을 믿지 않는, 신을 닮은 사람"(모비 딕, ch. 16)이다. "그는 명목상으로는 기독교 세계의 인구에 포함되었으나 여전히 그 세계에 낯선 이였다"(ch. 34). 그는 자신이 멈춰 선 곳에서 모든 두려움을 이겨내었다. "여기, 이 백발의, 신을 믿지 않는 노인, 증오에 가득 차 세계를 떠돌며 욥의 고래를 추적하는…"(ch. 41) 에이해브 선장은 숨어 있다고 여겨지던 신을 찾아내고, 그 자리에서 고래를 죽인다. 이로써 그는 자신의 삶의 절정에 이른다. "어떤 사람은 썰물에 죽는다. 어떤 이들은 얕은 물에, 어떤 이들은 홍수에. ―나는 지금 가장 높은 물마루에 이른 파도와 같다"(ch. 135).

39

우리의 모든 탐구는 '숨은 신'을 찾으려는 시도이다. 그것이 신이라는 이름으로 불리지 않는다 해도. 우리는 그것을 찾아가는 삶의 과정에 있다. 더러는 바다를 건너가기도 하면서 더러는 바다를 바라보기도 하면서, 때로는 오뒷세우스처럼 때로는 에이해브처럼.

추기 追記

우리는 어떤 사건들에 대해 의견들을 가지고 살아간다. 의견들은 다양한 정보들을 취사선택하는 과정에서 생겨나고, 의견이 행동으로 여러 번 실행되어 일정한 효과를 거두면 상당히 견고한 믿음이 된다. 믿음의 자리에까지 올라간 것들은 여간해서는 바뀌지 않는다. 목숨을 잃을 뻔한 일을 겪고 나서야 달라질지도 모른다. 우리는 자신이 가지고 있는 신념 체계들이 서로 부딪히지 않았으면 하는 소망을 가지기 마련이다. 이러한 충돌에 관한, 그리고 충돌이 생겨났을 때 어떻게 하는지를 둘러싼 다양한 심리적 논의들이 있다. 지금까지 우리의 논의에 등장한 여러 사람들을 그러한 분석틀로써 면밀하게 고찰할 수는 없으나 어렴풋하게나마 짐작을 해볼 수는 있을 것이다.

아우구스티누스는 어려서부터 어머니의 사랑 속에서 자랐다. 어머니는 독실한 기독교도였으나 아들이 훌륭한 기독교도가 되도록 교육을 하지는 않은 듯하다. 아우구스티누스의 《고백록》에는 후회에 가득 찬 기록이 넘쳐난다. 그러나 그러한 행위를 할 당시의 아우구스티누스는 육체적 욕망과 출세욕으로 불타고 있었다. 그것은 어머니의 기독교적 소망을 덮어 누르고도 남는 것이었다. 그 둘이 충돌하고 있었다고 말하기도 어렵다. 그렇다면 무엇이 계기가 되어 그는 기독교도로 개종하게 되었을까? 아니 달리 말하자면—이것이 더 정확한 물음일지도 모르겠는데—어떤 계기로 그는 세속에서의 출세를 포기하고 기독교 세계로 들어가게 되었을까? 그가 출세를 포기했을 때 선택할 수 있는 것이 기독교밖에 없었을까? 이것은 여전히 의문이다.

오뒷세우스는, 인간은 신의 불멸성에 이를 수 없다는 뚜렷한 자각을 가지고 있었다. 그는 별다른 갈등 없이 페넬로페를 만나러 집으로 갔다. 굳이 의문 나는 걸 하나 들어보자면, 페넬로페가 그렇게 좋았던 걸까, 도대체 어디가 그렇게 좋았던 걸까?

데카르트는 아리스토텔레스의 형이상학과 자연학 체계에 기반한 중세 스콜라 철학을 버리고 세상으로 나왔다. 그가 겪은 세상은 두렵고 살 떨리는 것이었다. 이로써 그에게는 기존의 믿음 체계가 하찮게 여겨졌을 것이다. 그는 과학이라는 새로운 신념 체계를 받아들이고 그것에 몰두하였다. 그런데 그는 두 체계들 사이에서 갈등하였다. 어느 하나에도 완전히 스스로를 내맡길 수 없었고 어중간한 추구 위에서 멈춰버렸다. 옛 시대를 딱 잘라 내지도 새 시대를 활짝 열어젖히지도 못한다.

파스칼은 두려움의 경험에서 극심한 내면의 동요—갈등이 아니다—를 겪고 신에게 헌신하기로 하였다. 이는 뭔가를 선택한 것이 아니다.

에이해브가 사는 세계에서 기존의 믿음들은 완전히 붕괴되어 있다. 《모비 딕》의 화자話者인 이스마엘의 정체성마저 불확실하다. 우리는 그가 자신을 그렇게 부르라고 하니 그렇게 부를 뿐이다. "나를 이스마엘이라 불러라"(Call me Ishmael). 에이해브는 그 어떤 것도 두려워하지 않는다. 자신의 신념 체계 위에서 확고한 일관성을 가지고 살아간다. 바다의 인간이었던 오뒷세우스와 마찬가지로 갈등 없이 자신의 길을 간다. 그가 파멸한 것인지, 승리한 것인지 알아낼 길은 없다.

우리는 이들의 삶을, 텍스트를 내재적으로 읽거나 삶의 배경 맥락을 읽거나, 증거를 찾아 구축하여서, 해명할 수도 있을 것이다. 아니면 그저 다 덧없는 것이라 여겨

놓아두거나.

숨은 신을 찾아서
신념 체계와 삶의 방식에 관한 성찰

초판 1쇄 2016년 12월 5일
초판 2쇄 2021년 8월 5일

지은이 | 강유원

펴낸곳 | 라티오 출판사
출판등록 | 제2021-000075호(2007. 10. 24)
전화 | 070) 7018-0059
팩스 | 070) 7016-0959
웹사이트 | ratiopress.com

ⓒ Yuwon Kang, 2016

이 책의 무단 전재 및 복제를 금합니다.

ISBN 979-11-959288-0-4   03100